Max Estrella
Ediciones

William Thomas

Poetextos

Max Estrella
Ediciones

Primera edición: julio de 2016

© Comunicación y publicaciones Caudal, S.L.
© Borja Carballo García

ISBN: 978-84-945605-1-4
ISBN Digital: 978-84-945-605-5-2
Depósito Legal: M-21720-2016

Max Estrella Ediciones
Fernández de la Hoz, 53
28003 Madrid

editorial@maxestrellaediciones.com
www.maxestrellaediciones.com

A Nuria y Tino.
La primera libre en mí.
El segundo encerrado,
pero siempre libre.
Una, amante; otro, amigo,
libres ambos, siempre, en mí.

NAISHÄ

Sé que volveremos a engañar a la parte de nosotros que nos grita que todo irá peor que mal.

Esta vez el destino va cogido de mi pelo, al lado de tu mano, rozando tu pecho.

Lo sé.

SONRISA

Se supone que dios está en lo bello y en lo horrendo; en tu pelo y en mi risa al mirarte, tan fijo, a los ojos.

Dios está en todo pero sobre todo en ti cuando me sonríes y parece que la vuelta al mundo dura dos segundos o dos mil años; qué más da, aquí lo importante es tu sonrisa.

Si pierdo la cabeza por tu amor, al menos, la habré perdido en un sitio donde encontrarme por fin con tu cuerpo tan desnudo, nunca, para mí.

CARLA

Es bajita y graciosa. Tiene pinta de bruja buena y de mala compañera de cualquier viaje al infierno de sus besos. Sus rizos parecen olas de mar de lo espeso del oscuro negro del color de su pelo.

Es tan atractiva como peligroso su cuerpo, por el que nunca volvería del lado bueno del deseo.

Me alejo cada día de ella, tanto, como cada hora que pasa es una hora perdida dejando de estar en su regazo.

Me alejo por miedo a que, al acercarme mucho, no quiera dejar de hacerlo nunca más; ¿el qué? No volver a tener su notar, tan cerca, que sólo me queme su milimétrica lejanía.

ON FIRE

Si te equivocas hazlo con tus labios en mi boca; con tu alma en mi pecho y con tu cuerpo, siempre desnudo, tan cerca del mío, que nuestro corazón sea uno.

Si te equivocas hazlo siempre a mi lado.

Si enciendes mi fuego apago tu deseo antes de que te consuma.

PARAÍSO

Creo que cogimos el billete equivocado al paraíso, el de los parias que sólo ansían su más que noble sentimiento de bondad oculto ante todos, incluso ante ellos.

Creo que confundimos nuestro billete al paraíso por el infierno de nuestras lejanías de corazones; una pena, pocas veces dos iguales de alma se encuentran acá abajo donde los cuerpos se pudren al contacto con el aire tan, sólo a veces, purificador.

KISS ME

Si te digo que me beses es porque necesito sentir a dios en tus labios, como si fuera mi última exhalación divina hacia no sé qué cielo o infierno; hacia tu corazón, al fin y al cabo.

Si te digo que quiero uno de esos es porque al respirar me falta tu aliento divino.

Yo sólo lo digo.

A

Se supone que tus besos no sabían a nada pero, ahora mismo, sólo quiero uno de los tuyos.

Se supone que tú no entendías lo que mis ojos escrutaban, pero ahora casi sé que ves más que lo que yo he visto nunca.

Vi tu cuerpo desnudo cierto día de otoño, ¿dónde está ahora, en invierno, ese pulcro espacio blanco lleno de pecas y lunares en el que yo siempre hacía de las mías?

Sólo veo incómoda ropa que arrancarte a bocados en mis sueños.
Ya sólo eso.

POESÍA

La poesía, cuando busca ser poesía es horrible.
La poesía sólo puede buscar ser libre.

OMBLIGO

Si aún no sabes que el centro de tu ombligo lo es de mi universo, es que no sabes cuán grande y bello es, tan siquiera, la más mínima de las estrellas de esas, ¡sí, de esas! a las que a golpe de belleza, entre tu pecho y tu cara, le robas toda la luz cada mañana.

ANTES

Antes, estando conmigo, sólo querías eso: más y más de mí.

No recuerdo quién soy ahora, si no es al lado de la risa que desprende la mía cuando te desvistes.

Durmiendo sólo pienso que, a besos, te arranco lo poco de vestido que a sueños te voy quitando.

MAGIC

La magia se concede sin pedirla, igual que yo me fijo en tu pelo, o el viento mece, sin permiso, tu recuerdo.

BRAZOS

En mis brazos el tiempo se vence en pos de la belleza de tus ojos en los míos.

En mis brazos no existe el dolor y tus lágrimas sólo son ríos a los que agarrarse, como al agua de lluvia o a un manantial de furia.

En mis brazos no hay permiso de dios para sentir frio.

Si coses con el fulgor de tus sueños la parte de mí que aún no vuela, te llevo a donde tú quieras.

Si nos convertimos en piedras saltarán chispas de entre nuestros cuerpos con cada roce. Si nos volvemos ángeles volarán nuestras alas más allá del infinito de nuestros ojos, siempre clavados en el otro.

Espero que el fin del mundo me pille en una siesta en tus brazos, sino no sería el fin.

BOCA

A tu lado no hay razones para la sinrazón de que a tu alrededor el viento suene mejor y todo se vea casi a la vez que el tiempo que roza tu pelo con el aire de mi deseo.

ELLA

¿Cuando ella aparece?

Cuando ella aparece se abre la luna y da luz a la lluvia de cualquier día del principio de lo más bello que se vio y se olvidó, el tiempo se para y el espacio se condensa en su mirada.

Cuando ella aparece ya no existe nada que no sean sus ojos, y el día se nubla para que el sol no aclare lo tan bello y oscuro que tiene en su tan hondo y profundo corazón, que explaya mi alma hasta los confines de lo que no se mide, o hasta el principio de sus pechos, que es lo mismo.

Cuando ella aparece no existe nada que no sea su mirada en mí.

Cuando ella aparece sólo necesito que nunca jamás se vuelva a ir.

Algo así, más o menos, pero más bonito.

Si esto es el final, acaba conmigo a besos; no pido más que una muerte digna dentro de uno de los tuyos.

POETAS

A tu lado no hay razones para la sinrazón de que a tu alrededor el viento suene mejor y todo se vea casi a la vez que el tiempo que roza tu pelo con el aire de mi deseo.

DENTRO

Tengo que salir, estoy más tiempo dentro de ti que fuera.

Si te vienes al lugar en donde tu interior son valles de amor en los ojos de dios los dos nos escapamos, juntos, al sitio de ningún lado que tú quieras.

Si, a palabras, me intentas alejar de ti, yo, a besos, te toco el alma y de tanto volar nos van a salir alas.
Si me tocas lo que nadie ve, te como lo que no tienes: el alma podrida de tanto amar y luminosa como el día de nacer.
Si partes que sea lejos y no mi pecho.
Voy a vivir diecisiete vidas dentro de tus labios durante medio segundo, tan infinito éste como la promesa de que lo haré cada hora de cada día que te tenga cerca.

FE

Tengo fe en que algún día te tendré cerca, mirándome, y viendo en mí lo que nadie ve. En eso creo.

Tengo fe en que algún día te tendré cerca, mirándome, y viendo en mí lo que nadie ve. En eso creo.

SALVADOR

El salvador es el único que nunca se salva, nunca le da caza a su corazón que se esconde en cada flor y en cada beso.

El salvador nunca es salvado, no sabe darse consejos a sí mismo.

El salvador siempre se condena a sí mismo antes que a nadie y, salvando que te salva, se olvida de él.

El salvador es repudiado por sus salvados.

¡Larga vida al tormento del salvador que nunca salva su alma!

LABIOS

Quiero la sorpresa de tus labios en mi boca y la de tu alma sobre la mía. Eso quiero.
Si no crees en nada, la nada es tu todo y nada no puede ser todo. Yo creo en ti.

RAZONES

A tu lado no hay razones para la sinrazón de que a tu alrededor el viento suene mejor y todo se vea casi a la vez que el tiempo que roza tu pelo con el aire de mi deseo.

El día de mi muerte caerá rocío templado del cielo eterno y un fugaz rayo de luz tocará los corazones de lo que me amaron de verdad. Eso ocurrirá.

VOLAR

Si vuelo espero que sea dentro de ti, en el universo de tu barriga, dentro de lo celestial de tu mirada de fémina. Ahí y sólo ahí reside lo inmortal de mi deseo hacía todo.

Del infierno al cielo hay un paso: tus labios.

CRECÍ

Crecí mientras volaba porque nunca escondí mis alas y, de volar, volé sobre ti, y ya posé los pies sobre el cielo.

Me cansé de volar cuando te empecé a besar y ahora no quiero parar.

DIOS

Y ahora verás lo que es sufrir en la faz de dios que, blanco y pulcro, esconde el dolor de ser demasiado para cualquier cuerpo.

Ahora sabrás que es estar sin ti, en el infierno de los sin alma pero con ella, y buscarla y buscarla sin encontrarla.

La continua búsqueda que siempre deseaste. La parada tranquila a la que nunca llegarás.

Ahora sabrás lo que es estar sin dios.

Ahora sabrás lo que es que te falte lo que siempre buscaste.

ME LLAMAN

Me llaman sin nombre porque no lo tengo, porque no he nacido y, donde muera, viviré.

No me llaman porque no tengo nombre, nací sin él.

Nací con alma pero nunca la nombran porque, al torcer la vista, les ciega y lo ven todo.

Me llaman alma, pero nunca la nombran.

Y SIN EMBARGO

Y sin embargo, sin quererlo, te quiero. No sé por qué.

Se supone que en tus ojos no hay nada más que pupilas y yo, en cambio, veo el infinito de una vida a tu lado que, de viejos y amados, queremos vivir siempre jóvenes, como cuando te vi, tan pequeña, que casi no lo hice.

Tan bella estabas que me quemaste los ojos, y durante cinco minutos sólo veía tu voz y oía tu corazón que, acelerado, me decía que estaba vivo. Al fin.

Y así seguimos: tú, amada y yo, amándote.

AMANTES

Éramos como los amantes que nunca habían besado más que labios fríos de sentimientos, como con hielo incrustado en ellos; de acero parecían los nuestros al no haberlo hecho nunca de verdad. Eran de hielo caliente al derretirnos, fundidos, junto con los del otro.

Éramos amantes que sólo sabían amar de verdad a su mitad auténtica.

Nunca nos habíamos andado con ostias.

MORENA

Morena vente conmigo que el miedo, a la noche, viene y me quiere llevar lejos de todo, hasta de ti.

Llovía cuando te vi, creo que la última vez lloverán mis ojos sobre tu cuerpo al verte.

Vente conmigo, morena, y tornemos tu pelo en rojo tormenta de cuerpos unidos y llenos.

No quiero seguir sin tus besos, llevabas demasiado calor en cada uno de ellos.

Sin ti nunca hay hadas.

ESPÍRITU

Quiero que mi espíritu inmortal, al perecer, se pose sobre toda las cosas bellas; una flor, un beso o tu cuerpo. Eso quiero.

CAMINO

Si se hace largo el camino sin ti es o porque éste tiene muchas curvas o porque las tuyas me atontan y me como todas las piedras.

Siempre he sido de pegarme ostias fuertes en la cabeza cuando veo cuerpos que me dejan con la boca abierta, para cerrármela con el golpe y que no entren moscas, o para que me dé en la puta cabeza tan fuerte que pierda la memoria y pueda dormir por la noche, sin pensar en todas las que estaría sin hacerlo contigo; a mi lado, tan desnuda, como abrazados, hasta que llegara la luna de dos días o tres después, o el sol del siguiente verano.

Cualquier excusa es buena para no tenerte demasiado lejos, nunca.

Hoy te vi y no pensé en ti, y me puse a escribir. Supongo que ya te pienso de una manera tan lejana, que sólo te tengo cerca cuando estás, tan fuera de mi espacio vital, que casi puedo notar que me echas de menos. Casi.

Hoy te vi y casi te como con la mirada sin mirarte. Serán cosas de la edad, de que soy gilipollas, o de mi miopía mental que ya afecta a mi percepción, tan casina de lo que dicen real, que imagina mundos y estados, anteriores o posteriores al espacio, el tiempo y a tus besos.

Hoy te vi y casi no te pienso, ¿o te pensé tanto que, de hacerlo, olvidé que lo hice?

Sinceramente, no lo recuerdo.

Si siempre salvas una caracola donde rompen las olas, ¿por qué no me salvas, a besos, la parte de mi alma que, de tan salvada y pura, está abobada e idiotizada por uno de los tuyos? ¿Eh?

¿Por qué no revolucionamos la parte de nosotros que pide a gritos que no hagamos nada con el trozo de una flor que, al caerse estrepitosa y sola, rompe el silencio que a veces nos domina?

Es fácil si lo intentas.

SIEMPRE

Bajé al infierno a por el calor de tus besos y subí al cielo mediante ellos, siempre, siempre por el pedregoso camino de tus labios, sólo feos cuando no tocan los míos.

No te lamas las heridas, cómeme a mí.

PARCA

Si no podéis volar sin alas por mundos donde no hay cielo. Si nunca habéis viajado a sitios que sólo existen en la mente de gente que nunca nació y si no habéis besado lo que no tiene labios nunca digas que me entendéis.

No os lo permito.

Los ángeles no lloran pero, a veces, hacen que el universo llueva entero hacia tus labios y los bese en el primer segundo de cuando se creó lo que nunca debió nacer porque, de bello, no merece ser visto ni irse nunca de ningún sitio al llegar la parca.

A todos nos llega la hora, a ver si en ésta vida me toca abrazado a ti.

PROMESA

Volveré a por ti algún día y escaparemos tan juntos, como ahora separados estamos; tan lejos de ti como de mí.

Te lo prometo.

ETERNO

Quería tenerte en mis brazos por la parte de la eternidad que va desde el centro de mi pecho, dentro de mi alma inmortal, hasta lo más hondo de tu ser que siempre me pedía más con los ojos a la vez que tu boca me besaba sin hacerlo.

No es mucho pedirle a lo eterno que no deje de serlo, ¿no crees?

Si algo, alguna vez, va desde ti hacia mí, que sea el primer beso de muchos o el último de un maratón de ellos. Por pedir que no quede que estamos en navidad y vienen los reyes.

Me ha cogido la tormenta, lo bueno es que siempre estoy dentro del tornado más grande y de tantas vueltas ya me levanto mareado.

ALAS DE HIELO

Si me dejas en lo más apartado del planeta más alejado de ti, que al menos, sea mi planeta, ese tan alejado siempre de todos y todo.

Mis alas se hielan. Las alas escarchadas no vuelan.

Por allá se fue la embustera, que sólo vuelva para volver a mentirme y decirme que nunca jamás se volverá a ir.

PURA BUENA MALICIA

Antes nada te faltaba estando conmigo.

Si recuerdo quien eres ahora es porque no tengo memoria sentimental.

Por allá se fue la traidora. Volverá, como siempre, rogando con besos que le acepte en mis brazos de arcoíris y cielo.

Si eres pura buena malicia, es que la malicia, de mala, por fin se volvió buena.

PERO A TU LADO

Pero a tu lado que es siempre lejos de ti. Pero a tu lado que es siempre pensando que un día estuviste tan cerca que casi parecía que te rozaba el alma, los pechos y el corazón que le escondes a todos; ese del que vas alardeando que no tienes.

Si es en otra vida y no es a tu lado quiero vivir en la muerte de, al menos, tenerte tan cerca que, de morir, volvamos a vivir, juntos o separados pero siempre, siempre a tu lado. Aunque de lejano, el lado que me decía que me querías, ya no exista.

ABRÁZAME

Agárrate fuerte a mí que los demonios vienen y me llevan el alma. Agárrame fuerte y abrázame lento que note tu respirar tan rápido al tenerte cerca.

Agárrate fuerte a mí que ésta noche es fría, tanto como tu lejanía.

Abrázame fuerte que nunca note que estás tan lejos.

Estoy metido en el lío de tu pelo, desenrédame el alma de tu cabeza a besos.

Te juré que cambié, es mentira, aún te amo.

Sí alguien recuerda quién fui será porque nunca me conocieron.

LSD

Mi Woodstock personal son tus labios llenos de LSD al verme, besarme y mis ojos más enormes, con mis pupilas dilatadas, y el ácido de tu boca entrando en mis venas, llenas de no sequé droga, que siempre me traspasa y me lleva a cualquier mundo que es éste y no; y eres tú, a veces somos dos, yo uno y ninguno, también

Mi Woodstock personal es la droga de tu entrepierna.

ÁNIMAS

Si tengo que pagar algún precio por haberte querido crearé, con lágrimas, un mar de la nada donde nacerá alguien que nos comprenda.

Nunca amanece nada en tus ojos porque el sol nunca se pone en tu mirada.

Si tengo que dejar de quererte que sea muriendo en tus brazos.

Ánimas que no amanezca y mucho menos en sus ojos, el sol no brilla tanto cómo cuando dice que me besa y sólo me mira.

Yo aquí estoy de paso por la parte de tu cuerpo que nadie ha tocado.

Ánimas que no amanezca y dejadnos en paz, en la cama, tan abraza-dos que estrangulemos al sol.

A

—¡Voy a irme cuando yo quiera, así aprenderán que nada es eterno, que todo se va y muere! ¡Así se darán cuenta, como yo, que sólo existe el hoy y dejarán de vivir en el mañana y en el ayer! —le dijo él.

—¡No sé porque piensas eso! ¡No entiendo que puedes tener en la cabeza para pensar así! —contestó ella, casi asustada por sus palabras tan seguras; tan, casi, tétricas.

Él la miró como pocas veces miraba a la gente.

—¿Por qué me miras así? —susurró, rehuyéndole, pero sin poder apartar la vista de aquellos ojos marrón cielo que la traspasaban.

—Prométeme que nunca me olvidarás. Di que sí, prométemelo.

Ella casi rió. No fue una risa, fue una mueca, entre melancolía y el saber que esto iba a pasar, que se iría.

—¡No! —contestó.

Él insistió hasta que ella consiguió apartar sus ojos de los suyos.

Los dos ese día supieron lo que, finalmente, pasaría.

MY DEATH

Quiero que en mi entierro la gente llore mucho y de verdad, sin miramientos, y que el mar de sus propias lágrimas les arrastre a una orgía con sus familiares; esos que me odiaban tanto porque mis amigos me querían más que a ellos.

Quiero que en mi entierro la gente se olvide de mí, y ame, ame, ame hasta que les duela el corazón, henchido de amor hacia todos menos hacia mi recuerdo. No soy un tío tan facilón.

Quiero que en mi entierro me recuerden vivo, los entierros de muertos son aburridos y tristes, por eso nunca voy a ninguno.

Quiero que en mi entierro llueva amor del cielo y que, a partir de ese día, yo viva para siempre en los que de verdad me quisieron.

Eso quiero en mi entierro.

NAPOLEÓN

Si el tiempo a tu lado pasa despacito será porque el único que tiene prisa por besarte soy yo y él, mira que te mira, sólo observa mientras me deja congelado entre sus garras y mis labios.

Si el tiempo a tu lado pasa tan despacio será porque no tiene prisa y deja que el infinito y nuestros besos se queden fundidos y unidos, casi para siempre, en no sequé limbo perfecto; ese bucle del que parece, sólo a veces, que no sé salir cuando, de besarte, no sé ni mi nombre, ni donde, ni cuando vivo. Que tampoco es algo que no me pase, casi, a todas horas. Pero contigo siempre.

Un día voy a despertar en el s. XVIII creyéndome que soy el mismísimo Napoleón.

El que avisa no es traidor, o sí. A mí me es igual, tú sólo... ¡Bésame despacio, que tengo prisa por uno de esos!

ARRANQUÉ UN RAMOS DE FLORES

Y SE LO REGALÉ A NADIE

Recuerda siempre esto: todo se olvida.

Tengo que volver a mi planeta colgado de lo que tenga que colgarme o de quien tenga que enamorarme. El odio está helando mis alas. Tengo que volver a mi planeta o reviento éste.

NADA

Si alguien te da su nada, no dudes, cógela.

Porque si alguien que todo lo que tiene es nada, y te la da sin pedir la tuya a cambio, es alguien que merece la pena, ¿qué puedes perder? ¡Eh?

FIGHT

¿Para qué luchamos?

Para no tener que hacerlo nunca.

Nuestra lucha es a muerte sin ninguna en nuestras conciencias, ni en nuestras manos, nunca ensangrentadas.

¿Para qué luchamos?

Para no luchar ni en la lucha.

La siguiente parada es tu mirar.

¿Para qué luchamos?

Por nosotros no por nadie y para no tener que hacerlo nunca.

1, 2, 3, ¿para qué luchamos?

Para morir amando.

SEÑORÍO

Y si la muerte es la muerte en una poesía vivirá ella, junto con la vida, abrazándose y amados como siempre debió ser.

No hay muerte sin vida, pero sin en ésta ella vive la muerte morirá arropada por las tan lúcidas y espléndidas ganas de vivir que, con su manto de amor, le transferirá el todo con sus ansias de no ser más que nadie.

Si la muerte es la muerte, tu mirada en ella no tendrá señorío.

La muerte sólo se domina a ella misma fuera de ella sólo hay vida.

La muerte sólo tiene señorío, lejos, tanto como de tu mirar y de esas ganas de que nada se escape a lo bueno que, de entre lo malo, siempre se encuentra en una mota de polvo o en un montón de basura.

La muerte sólo lo es de lo bello y hermoso, porque la vida, como el amor es eterno mientras dura y en la eternidad no hay oscuridad, ni dolor, ni lo horrendo se deja abrir paso para destruir lo bello.

La muerte nunca tuvo señorío porque murió al nacer la vida.

PODER Y FORTUNA

Nunca me han interesado ni el poder, ni la fama, ni la fortuna, y aunque pudiera tenerlas las regalaría a cualquier gilipollas de primero de carrera que quisiera que su vida fuera una mierda.

El poder, la fortuna y sobre todo, la fama, son sólo son para aparentar y esconder lo que tu cara grita:

Que te sientes tan solo como el día que naciste, y que morirás solo, tan rodeados de amigos, como tu alma triste y apagada en el último momento en el que más debería brillar.

Vuestras ansias por ser más que el otro os hacen infinitamente pequeños a los ojos del que sepa ver el odio y la avaricia.

O eso creo yo.

COMO AS YOU ARE

Si la vida eterna sólo dura un rato dame el rato eterno de un paseo por tu entrepierna, de ese sitio del que nadie despierta más que en el lado placentero de la locura.

Lo primero que quise hacer en esta vida fue que la gente llorara de felicidad para soltar todo el mal que llevan dentro. Eso fue lo primero que quise, lo sé ahora, no sé porque nunca me había dado cuenta. A veces soy terriblemente idiota.

Y lo último que quiero hacer es mirar fijamente a unos ojos que me amen sin condiciones para irme en paz.

Eso quiero.

Ven tal y como eres vestida todo tú, menos tu alma infinita, desnuda siempre ante mí.

Ven tal y como eres, sin condiciones ni deseos desviados de apreciaciones esquivas tan cansadas de todo lo real, hasta del amor.

El amor no cansa, sólo ama.

Ven tal y como eres, ¿a qué temes?

MY PLANETA

Cuando digo que tengo que volver a mi planeta es porque en éste tengo mucho frío, me hiela el alma el odio de la gente.

Cuando digo que tengo que volver a mi planeta es porque tengo calvas en las alas. Los ángeles calvos de alas no molan.

Tengo que volver a mi planeta, no sé a través de los brazos de quién, pero tengo que volver...

DIME

—¿Qué harías si te cantara la mejor canción de tu vida, en el peor momento de ésta, fuera de tono, con el puto sol cegándote la cara y los pájaros tocando los cojones, trina que te trina, al cielo, a ti o a la madre que nos parió a tome? ¿Dime? ¿Eh? ¿Qué harías?

—El amor contigo, a todas horas. A la canción, a los pájaros, a mí, a ti y al puto sol que les den mucho por el culo.

INFIERNO

Todos nuestros infiernos residen en la mente; todas las mentes residen en el paraíso.

Tengo que volver a mi planeta, me estoy congelando sin el calor de sus lunas helando las palmas de mis manos, siempre tocadas, separadas por milenios y kilómetros y juntas dentro de la punta de mis dedos.

No hay más. Mis alas se quejan. Tengo que volver a mi planeta.

Si sueño que has vuelto y siendo esto sólo un sueño, ¿puedo entonces también soñar que me besas? y que tú y yo, por fin, al fin y sin final seremos tú y yo, es decir:

Siempre juntos y sólo separados por la saliva del último beso, que dará paso al siguiente.

Porque, de soñar, hacerlo a lo grande o, al menos, dentro de lo pequeño que tiene tu cuerpo.

¿No crees, amor?

DID YOU READ THE BOOK

OF LOVE?

¿Has leído el libro del amor? ¿Amas? ¿O sólo crees en dios? ¿Crees en el rock and roll? ¿O sólo lo bailas?

Si crees que tu alma puedes ser salvada, tú y sólo tú te salvarás, lo demás son mierdas para vender libros.

¿Has leído el libro del amor?

Mírate, desnudo, en un espejo, el alma, ese es tu libro.

Si la corte aplazó el juicio fue porque dios no compareció, estaba demasiado borracho.

El día que yo muera será el día en el que mi alma infinita tan corrupta estará de ver odio que se plegará y morirá, avergonzada.

Ese será el día en el que yo moriré, tan feliz como triste, de ver que la gente de odiar cree que en su odio el amor vive.

El amor no odia sólo sabe amar.

NACIONAL

La nación es la enemiga del corazón y de la razón. El nacionalismo es el amigo del enemigo de cualquier vida que no sea la tuya.

El que es pro-nacional es anti-humano.

ALEJANDRA: CÓMO ES, O CÓMO LA VEO YO

Es pequeña pero no bajita. Delgada. Piernas morenas y perfectas en verano, en invierno no lo sé, aun no la he tenido en mi cama. Sus pechos parecen grandes aunque no lo son. Al reír su cara hace una mueca de niña mala que no sé describir, porque a veces me toca el alma y la atonta. Es frágil y fuerte. No sé escribir sobre ella, sobre cómo es, esas cosas no se me dan bien, las concretas; tan solo podría decir todo lo que le haría.

Cuando viene el viento parece que ella, de frágil, viene con él; no es difícil cuando su pelo y las nubes se mezclan dentro de mis ojos.

LA FOTOGENIA DE LA CHICA BELLA EN ÉL

A ella, en las fotos, sólo le brillaba la mirada cuando le observaba a él.

Técnicamente, sólo era fotogénica con sus ojos en alguna parte —que todos ignoraban menos ella y su mirar— del cuerpo de él.

Cuando esto ocurría, era la persona más bella del mundo dentro de una foto, y con él, siempre, en sus ojos.

Así era.

Cuando él murió, todas las fotos bellas de ella desaparecieron; y su belleza, en las, tan ya posteriores y escasas que se dejó hacer, era casi, casi hasta horrenda.

Así fue, como os lo cuento.

La efímera belleza de la chica fotogénica, tan sólo, con sus ojos en él.

Es un buen título para una película de mierda, ¿no creéis?

QUÉ SE SIENTE

Qué más quisiera que pasar la vida entera, media de la otra y media de regalo, porque a mí me sale de los huevos, dentro de la parte de ti que me dice que no me vaya nunca.

Siempre viaja que te viaja, entre la lluvia que me ilumina el pelo, como gotas de una cascada, extasiadas, ellas, tú y su puta madre, ante ese mirar fijo en mí.

Dentro de ellos veo siempre medio mundo y parte de cualquier otro, ¿y dices que son ojos?

Esos no miran, devoran; tan sólo son garras de cuervo, tan negros, como el blanco de tu alma, que me dice casi siempre, que no te diga lo que creo ver en su iluminar a la parte del mundo que siempre está oscura cuando tú no la pisas.

¿Qué se siente al ser tan joven? ¿Tienes ganas de sublevarte? ¿O sólo de vivir hasta que te duela tanto que mueras, viviendo lo nunca vivido? Teniendo placer sobre placer, vida sobre vidas; abajo, arriba, derecha, izquierda; y todo, y nada, que lo es todo; y las putas venas saliéndote por la boca del gusto.

Dime ¿Qué se siente? ¿O sientes tanto que no sientes ya nada y sólo vives?

Vive, es la mejor revolución. Vive tanto que les mate tu dolor por la vida a través de sus ansias de matar. Nadie mata a quién vive de verdad. No pueden.

42

PROMETO LLEVARTE AL CIELO

Cuando viene el viento siempre vienes con él, pareces su parte hermosa y tangible, como azul y blanco de pelo, vísceras y casi amor.

Si no te veo me entran los dolores, el negro de tus ojos nunca me relaja y siempre me pide más, como siempre matando, y no, la parte de mí que siempre quiere más de ti.

Eres como los dolores del caballo, siempre queriendo más, sabiendo que se acaba el inmenso placer que de, entre tus brazos, siempre tiene cabida, como su principio, y su tan agónico final. Como cualquier beso de los que me das que me bajan el alma para subirme los pantalones hacia el cielo de tus ojos.

Si te mueres te mato. Mátame si quieres, vivo en tercera persona, sería divertido verme morir. Algo para contar.

Ya sabes que todo lo hago para escribir o para quedar bien contándolo. Soy un risas.

Prometo llevarte al cielo si te gustan las nubes y el tan azul del sol, fundiéndose con cualquier mar de cualquier mundo en el que tú y yo, si quieres, podamos estar, tan a gusto, como volando entre sus adentros; como comiéndonos las nubes a bocados, el puto sol cegándonos y los albatros de Baudelaire llevándonos en su lecho de animales, tan libres, que de libres, volarían de entre el infinito hasta nosotros; de ese que no sé ve, ni sé nota, pero se siente tanto, que realmente, volaríamos, siempre, siempre, más alto que ellos.

Que de volar, volemos más alto que un puto pájaro ¿no crees?

COMO TE MUERAS, TE MATO

Hoy tu pelo era sol. Parecían tus rizos olas de oro. Estabas perfecta, había olvidado que la picardía de tu risa me traspasaba el alma, a bocados, abriéndose paso sin distinción de sentimientos, otras mujeres, o destroza que te destroza la vena más grande que lleva hasta el centro del músculo que matas siempre que te veo, y a la vez me hace quererte cada vez que haces un guiño con tu risa de niña mala.

Hoy tu pelo era sol y tu risa el mar que quiero llenar con mi agua.

Hoy tú eras el ocaso, el amanecer, eras la noche y la madre que nos parió a todos.

Como no te mueras en mis brazos, te mato dentro de una sola y única noche de pasión.

EGONACIONAL

El ego es el nacionalismo del alma

ALABAMA BAR

No quiero abrirme paso hacia el otro lado, quiero abrirme paso entre tus piernas.

No quiero tener lo que deseas, quiero que desees más de mí, hasta que te duela lo que te tenga que doler, para que ya nunca te marches tan lejos como para que a mí me duela lo más mínimo tus idas y venidas

¿Dónde le miente tu libertad a mis ganas de besarte?

¿Dónde terminan mis ganas por tenerte y las tuyas por escapar tan lejos, como a mi lado te encuentres un día cualquiera? Ese tan esperado por ambos.

Si la luna de Alabama brilla más que tus ojos, poco tiene Alabama si se cela de lo poco que a veces brilla, lo oscuro de tu mirada.

Te miro, me miras, y no veo más que deseo desenfrenado, del de que te consume o se destruye con sexo a todas horas.

Demasiado tarde para la marcha atrás, estamos hasta las manos, de la mente de lo que se pensó, de lo que nadie creyó nunca amar.

Una pena, el amor lo destruye todo. Al menos todo por lo que no dan ganas de morir o matar sin razones aparentes.

DYLAN CONGELADO

Y si tengo que morirme —pero sólo si tengo que hacerlo—, y como la canción, que me muera en primavera, la gente va con menos ropa y empiezan a crecer, como saliendo de su timidez invernal, las flores escondidas de su corazón, que guardan durante la estación, tan bella, donde todo es frío; aún no sé por qué lo hacen —esconder su corazones de no sé qué ostias— el invierno mola mogollón.

Sería guay ver flores—corazones, naciendo, congeladas, como heladitos, con sus estambres tan fríos, como color hielo palo, darían ganas de comer algo tan parecido al amo, congelado.

Y si tengo que morirme —pero si no lo tengo que hacer, no lo haré, sólo para tocar los huevos—, que me muera en tu mirada, que de tan infinita, parece que en ella, y cómo decía el Dylan Thomas, «La muerte no tendrá señorío».

Y si tengo que morirme que me muera de placer entre tu cuerpo y el cielo.

Aunque me parece que las dos cosas —tu cuerpo desnudo y el cielo en la tierra— son la misma cosa, sino algo que de tan parecido se confunde y con ellos a mí.

LLUEVE

Llueve.

Todos y todos siempre lloran de felicidad o de tristeza; y cuando es de felicidad es por la tensión de acumular tristeza.

El cielo no. El cielo llueve porque es libre y le sale de los cojones... o de las nubes, más bien.

Yo por eso nunca lloro. Prefiero que me llore el cielo y me diga, cada mañana, que estoy tan vivo, como susurrándomelo a cada gota, con su agua que se desliza por encima de mí, y que algo tan sencillo es bello porque sí, y porque no volverá a ocurrir de esta forma, nunca.

Llueve y la lluvia me recuerda que estoy vivo, aunque tampoco es algo que olvide fácilmente.

GIVE ME LOVE I

Si te como a versos vas a besarme en medio de un poema de Rimbaud, vuela que te vuela el Albatros de Baudelaire se posará sobre la lágrima que Blake derramó al verte tan bella, comiendo poemas de mis labios.

Si te como a versos te traspaso a besos.

Si te doy una poesía dame una ostia, y házmelo sin compasión, y con tanta pasión como te permita el tiempo, el espacio y tu elasticidad

¡Que se mueran los poetas! pero sólo, en el comenzar de su más bella aberración literaria, casi, casi saliendo de tus labios hacia mí.

Casi cómo rompiendo el aire, el viento y su puta madre, con las letras que en sonido convierten tus labios, y en besos tu corazón coraza.

Ámame hasta que, el amor y los poetas se mueran, y así, monopolizar todas las cosas bellas.

Ámame o hazme el amor, sólo ya quiero, representaciones de cosas de las que las que no se puede hablar, porque en ello está todo: Desde la vida hasta el odio, la poesía, la amistad, o eso que dicen que siempre se muere, y que nunca lo hace.

Dame cosas de las que no se pueda hablar y en la que seamos actores que representemos, con nuestros cuerpos, su inocua y efímera grandeza.

Sólo quiero ser testigo de las cosas para las que no se tienen razones. Esas que, sí o sí, te dejan sin respiración, ni sentido.

Dame cosas de las que no sabes el porqué. Los porqués son para la gente que, de no saber nada, lo quiere saber todo.

Y nadie puede saber lo que no tiene razones, ni sexo, ni olor, ni condición.

Dame un sentimiento de los que matan a tres millones de porqués.

SEXUAL REVOLUTION

No sé vosotros, pero yo me lo que a pasar de puta madre este verano antes de que todo esto reviente. Voy a vivir hasta que me duela y sólo moriré de placer en mi cama con la que quiera ser feliz.

Va a empezar la revolución sexual.

EL DÍA QUE TE CONOCÍ

El día que te conocí, tú a mí ni me miraste. Tras un par de horas pensaste que era gilipollas.

El día que te conocí me sonó un timbre en la puta cabeza. A ti te entraron ganas de matarme.

El día que te conocí yo sí reconocí tu rostro casi oculto y algo diferente, como saliendo de entre las brumas de mis sueños: «¡por fin!» pensé, y ya no lo pensé nunca más. Tu tan cercana lejanía siempre impedía que te echara, tan siquiera, milimétricamente de menos.

El día que te conocí sonó algo en mi pecho. A la mañana siguiente el que sonó fue el despertador de mi casa para levantarnos de entre mis sábanas.

El día que te conocí algo pasó que no vi por qué un mes después aún seguía sin reconocer tu cuerpo desnudo cuando te levantabas, casi volando, al encuentro del frío suelo de nuestro primer invierno más juntos que separados.

Está bien, a mí me pasa lo mismo.

El día que te conocí dejé de querer saberlo todo y no quise conocer nada más que lo inmenso de tus ojos al mirar cualquier cosa sobre todo la lluvia cuando, a veces, de besarnos, se fundía con nuestros labios ya de por sí, a todas horas, unidos; y siempre rodaba igual la puta gota de lluvia y se metía donde no debía y donde nosotros siempre acabábamos.

Fue la primera vez que me celé del agua de cielo. Ya luego se me pasó.

El día que te conocí empecé a híper vivir.

MORIR ¿DÓNDE?

¿Morir?

Yo sólo puedo morir de placer en tus brazos, para todo lo demás seguiré vivo de un modo extraño, cómo siempre.

Todo es suficiente cuando nada lo es.

Más, más, más, es lo único que quiero y nunca consigo porque no me veo a mi mismo siendo más alto y más fuerte, que aún, siempre siéndolo, a cada paso y a cada mirar, sólo me veo más y más pequeño, por eso no hago más que crecer y crecer, pero, tan sólo, a ojos de los demás.

ME SUBO A LAS ESTRELLAS Y ME CUELGO DE TI (O DE TU RISA)

Cada día más picara —fija en mí e inocentemente viciosa— es tu sonrisa cuando te digo barbaridades de las mías; de esas burradas tan románticamente adorables, de las que te encantan y que no hacen más que fijes en mí tu mirada de nínfula.

Hoy creo que la última que me echaste duró tres o cuatro millones de años, aunque el tiempo es relativo, pudieron ser sólo dos.

Hoy me traspasaste con tu mirada de tres segundos, creo que fueron los cinco millones de años más cortos e intensos de mi vida.

Me subo a las estrellas y me cuelgo de tu pelo, la próxima vez que me sonrías así, tan a solas cómo lo que hubo, hoy, entre mi boca y tu sonrisa eterna, te beso.

Avisada estás.

SENTIRSE BIEN ERA FÁCIL CUANDO ELLA CANTABA CON LOS OJOS, QUE LA BESARA

Sentirse bien era fácil cuando, gritando que no la besara, con los ojos, no me pedía otra cosa.

Era fácil amarla y decirle que no tuviera miedo. Y como Janis, cuando cantaba blues con su cuerpo encima del mío, lo difícil era sentirse mal.

Cuando M. cantaba con la mirada que la amaran, lo difícil era no hacerlo.

Cantado un blues con su sonrisa te sientes bien sí o sí.

Yo soy Bobby y ella M. y como en la canción, era fácil sentirse bien cuando Bobby cantaba blues y M. como atontada, le decía sin decir, que le iba a querer.

Escribe que te escribe todo es cielo, y su querer parece que traspasa estas letras.

Es fácil amar a alguien que canta mientras te ama.

Cuando M. canta blues con sus pechos en mi cuerpo, es fácil sentir que el universo gira en torno nuestro; que el cielo se nos cae en la puta cabeza y que las estrellas, tan celosas, nos quieren en su lecho de nubes, al lado del sol y a la izquierda de su luna, que son cada uno de nuestros ojos que cuando, sin decir nada, como siempre, nos traspasamos hasta el alma, y nos contamos todo lo que no se puede con palabras; porque juntos, siempre sobran.

Yo soy Bobby y si cantando blues te sientes bien, te canto el mejor de todos.

Sentirse bien era bastante fácil cuando, solitaria y apocada, sacaba esa sonrisa tan escondida y con los ojos me pedía que la besara.

Era fácil sentirse bien en la bondad de su mirada; tan fácil, que a veces, y sólo a veces, lo único difícil, era dejarla marchar.

BESOS

Del infierno al cielo hay un paso: tus labios

BE MY BABY, CLEAR CLEAR FREE

OCEAN ON MY MIND

¿Quieres ser mi chica limpio, limpio y tan libre océano de mi mente?

Navegaremos por tu pecho y dormiremos dentro de mis sueños, en una playa de cristal de cielo.

Sé mi chica, océano fresco, y llenemos nuestros cuerpos de celestial sinsentido de lo inmortal que nos alcanzará al besar cada ola y cada pensar.

Sé mi chica y casémonos con dios.

SOY EL HIJO DE LA FORTUNA

Soy el hijo de la fortuna de saber quién soy.

Soy el hijo de la fortuna de no ser más de lo que quiero ni puedo ser

Soy el hijo de la fortuna que me da ser feliz en mi soledad, que no me impide ser feliz con los demás, sin atarme a nadie.

Soy el hijo de la fortuna de ser yo, ante mí mismo, mirándome sólo a mí a los ojos, siempre, sólo a mí, por eso nunca miro a nadie que esté vestido fijamente, veo demasiadas cosas en ellos.

Soy el hijo de la fortuna de saber que estoy incompleto y al no engañarme, andar y andar, y mientras camino para dejar de estarlo —lento, a mi ritmo, casi sin hacerlo—, estar un poco más lleno a cada paso.

Soy el hijo de la fortuna de no haber nacido.

Soy el hijo de la fortuna que no morirá en los ojos ni los oídos del que sepa escucharme. Siempre vivo allí, y allí siempre resido y residiré.

OJALÁ QUE SEPA PEDIRME MÁS CON LAS MENOS PALABRAS POSIBLES (CON NINGUNA A PODER SER)

No estoy cansando de despedidas, estoy cansando de no encontrarte.

No es que en esta calle no haya salida, es que la calle se esfumó con tu última sonrisa dirigida hacia la penúltima de mis tonterías provocadoras de emociones inestables, como yo.

Si te vas no vuelvas, pero teniendo en cuenta que nunca llegaste, técnicamente nunca te irás, es un verdadero y auténtico alivio, aunque también una chorrada como un piano.

Ven y no te vayas, y pídeme más con esos ojos que pedían de todo menos besos de los que no valen nada.

Ojalá que me pida más, siempre más, de lo que ella quiera y como sólo ella sabía: sin palabras, sin gestos, y sin más que su intangible, etérea y minúscula belleza de hada, casi imperceptible para el que no ame con el corazón, cuando reside en la mano derecha del alma de la media vida que se nos quedó en su tienda de golosinas sin azúcar para cuerpos fugaces, de los que viven muchos años.

Ojalá.

I´M COMING HOME

Hoy he tenido un sueño. Me destrozabas la casa.

Estaba llegando, y tú la habías inundando con la fiesta gigante que siempre deseé.

Mi familia había muerto hacía décadas, y las paredes estaban pintadas de algo que parecía esa pintura extraña que a veces me cubre; esa que es cómo el sudor de cuando te veo; esa de las rarezas y lo raro que me sale de los poros al notar que los míos no te traspasan nunca; eso que casi no me sale, pero que me grita que sea yo mismo.

Hoy me pintaste la cara ostias en un sueño ¿o era en mi casa? No lo recuerdo

Estoy llegando a casa, por fin.

¿QUÉ HARÍAS SI CANTARA

FUERA DE TONO?

¿Qué harías si cantara, fuera de tono, la mejor poesía en el peor momento, yo desnudo, y tú con otro?

Te vi nerviosa, tu coger de cigarro iluminaba la parte de mí que creía dormida, esa parte que me dice que te acabaré amando sin medida. Tú no lo sé, la verdad, no sé me dan bien las mujeres y menos su lenguaje, escondido y secreto ante —y sobre todo— ellas mismas.

Tengo tanto miedo de ser yo mismo contigo, como que, al serlo, me ames más que yo a ti.

En el amor como en el sexo, gana quien más veces se corre. Corramos al encuentro de nuestros respectivos orgasmos, y vivamos de una puta vez, que doler ya nos ha dolido todo demasiado ¿no crees?

Y si la vida no duele pero de placer, no digamos que hemos vivido pero al menos muramos abrazados; dolidos o amados, no importa si es muy cerca tuyo, tanto, que por fin te traspase mi mirada y vea eso que no quieres que nadie vea.

Quiero que te traspase mi mirada y veas tanto de mí como yo de ti.

Eso quiero.

Y AHORA ¿QUÉ HAGO CON LA PARTE QUE ME DECÍA QUE TE AMARA?

Te llevaste la calma que trajiste, cierto día, sin avisar. Te llevaste tú calma y ahora me tengo que conformar sólo con la mía.

Dos calman más que uno. Y lo sabes.

Y ahora ¿qué hago con la parte que me decía que te amara? Escribiré, ahí no me gana nadie.

SE HA DESBOCAO LA PRIMAVERA*

Se ha *desbocao* la primavera en tus ojos de hiena sexual.

En el fondo de ti veo lo que en el fondo de mi pasado: Alguien asustado ante todo por su imperceptible deseo de querer más que los demás, por ese instinto tan primario ante lo bello.

No te preocupes algún día, dentro de un abrazo, seremos libres.

Se ha *desbocao* la primavera, a ver, si a besos, le colocamos otra vez, su boca de flores, donde debe estar.

A ESTE LADO DE LA PARTE
EDÉNICA DEL INFIERNO

En el lado del infierno, donde reside mi edén personal, aislado y feliz; allá, rodeado de las llamas de tantos otros que se queman; allá, hasta mi mente va lenta y alguien me sabe llevar y amar. Allá soy normal y no pienso a todas horas, y hasta a veces soy tan infeliz que parece que vivo, entre la intransigencia de no querer más, y la melancolía real de, como un robot, no ver todo en tercera persona.

Soy feliz porque no siento, y si siento sólo es, el lejano y anti personal, dolor ajeno; que duele tanto como, placer puede dar, la paja que un tío que no conozco de nada, se hizo en Alaska, hace treinta años.

¿Me entiendes? Ya sé que no. Siéntete mal, yo no lo haré por ti.

A este lado de la tan edénica e idílica, parte del infierno donde yo resido, el amor es real, y la muerte es un fiel y adorada compañera, en pos de la noble y alejada mezquindad de lo eterno, que sé, ahora, reside en mí. Sólo espero que nunca jamás lo haga en esto que hoy, tan alejado de todos, escribo.

Feliz, felicidad que me aísla del mundo, para acercarme a mí; ella y sólo ella, es mi más masturbadora, real y tan sexual, amante de lo más hondo de mi desespero por tenerla, por fin, en mis brazos.

La felicidad sólo es libre fuera del cuerpo tangible. Dentro de él sólo es corrupción del alma, por su tan débil y fino tocar, en algo tan horrendo como la carne humana.

SERÁ COMO AQUELLA CANCIÓN
DE LOS NOVENTA

«Tengo tanto frío en el alma que, de congelada que está, no lo tengo»

Hay poetas que no escriben, y otros que escriben bien y nunca lo serán.

Hay pintores horribles que pintan cuadros geniales, que nunca serán tan buenos como algunos que nunca tocaron un pincel.

Hay artistas que los son, más que el más afamado de los que dicen y alardean de serlo, y que son barrenderos.

El arte, el artista, lo lleva a cada paso, en cada conversación y en cada mirar.

Eso se ve, no hace falta que pinte o escriba, ¿no creéis?

Igual que hay genios de la pintura y genios que pintan, hay genios de la poesía, genios que escriben poesía, y genios que no hacen nada, ya, porque tan sólo les llega con decírselo a ellos mismos.

Esa es el auténtico arte, y el artista más real ya no hace más que pensar para sí, y crecer y crecer por dentro, y nunca, a ojos de los demás, en busca de gloria y admiración.

Esos son los idiotas y malos, que no se creen ni ellos mismos que pueden transmitir la más mínima pasión.

El arte es el reflejo de la pasión por la vida. Pasión por vivir o morir. Pasión por amar o ser amado. Pasión por las sonrisas, pasión por generarlas y pasión por la felicidad de los demás.

El artista de verdad es el que más cantidad de amor puede generar a su alrededor.

De haberlo sabido, hubiera sido barredero. El mejor.

Desde mi casa no se ve la playa vacía, será porque está llena de gente.

FREEDOM

Todo lo que puede ser atado, medido o encerrado; a todo lo que le pueden quitar su libertad, o en ti no es libre; que no te sube y te baja, y te lleva a sitios donde nadie está, ni ha estado, ni estará, mas que sólo tú, y eso, sea lo que sea; eso que te pone, siempre, lo que te tenga que poner de punta, que no te engañen:

Ni es bello, ni hermoso, ni dice ser lo que es y nunca, nunca lo será.

HE ESTADO TAN JODIDO QUE ESTO PARECE EL PARAÍSO (Y AUNQUE NO LO HUBIERA ESTADO)

He estado tan jodido que, no es que esto parezca el paraíso, es que lo es.

Ya que desde infierno, pasado por el cielo, si tienes la suerte de quedarte en el punto medio donde estás, y no estás; existes y no existes, eres cómo un dios en la tierra.

He estado tan jodido, que el infierno me ha conducido al paraíso.

SOMEBODY TO LOVE

Si vuelvo a casa será dentro de la canción.

Ni tengo casa, ni he nacido, y donde muera, viviré.

Si buscas a alguien a quién amar, no soy yo a quién se ama, soy el que, tan sólo, da amor.

Busca a alguien que te folle.

No buscáis amor, buscáis sexo del malo. Sexo sin clítoris, ni corazón..

INFIERNO

Todos nuestros infiernos residen en la mente; todas las mentes residen en el paraíso.

Tengo que volver a mi planeta, me estoy congelando sin el calor de sus lunas helando las palmas de mis manos, siempre tocadas, separadas por milenios y kilómetros y juntas dentro de la punta de mis dedos.

No hay más. Mis alas se quejan. Tengo que volver a mi planeta.

Si sueño que has vuelto y siendo esto sólo un sueño, ¿puedo entonces también soñar que me besas? y que tú y yo, por fin, al fin y sin final seremos tú y yo, es decir:

Siempre juntos y sólo separados por la saliva del último beso, que dará paso al siguiente.

Porque, de soñar, hacerlo a lo grande o, al menos, dentro de lo pequeño que tiene tu cuerpo.

¿No crees, amor?

ÁNGEL

Cuando tú te vas parece que la realidad se funde contigo, se pliega y ella, junto con tu cuerpo, trota que te trota, encima de tus pies, se esfuma.

Parece todo un escenario gris cuando tú partes, algo lejos, no demasiado, nunca.

Cuando tú te vas nada es oscuro, pero todo es un poco —sólo un poco— más gris.

Pareces un ángel...

Será porque debajo de tu vientre está el cielo, y al verlo me salen alas, y miro a los ojos al dios que tienes en ti.

Sólo a lo mejor soy ángel por ti.

Sólo a lo mejor.

Se ha ido la parte de mí que me decía que dentro de una flor no existían mil primaveras, ahora hay una que me dice que en mí está la arena del infinito de la palma de Blake. Sólo eso.

Se fue el principio del final del verano, y llegó el calor de las lluvia, asustada y tímida, como queriendo salir el invierno de su cascara de nieve impoluta, y casi, casi, sobre nuestros cuerpos, tan desnudos como abrazados; juntos, siempre separados por milenios, o por vete tú a saber qué cojones.

La lluvia que no moja y el amor que no ama llegó a nosotros...

Are you ready for our personal summertime?

AMOR

El amor sin la verdad, miente; la verdad sin el amor, es una mentira.

Qué más quisiera que pasar la vida entera dentro de la primavera de tus ojos o del sol de tu pelo, o de lo que dices que es tu risa que para mí es el universo.

Si quieres y podemos, un día a solas, te digo todo lo que pienso. Serás la primera.

CÚL

Sé que te mueres por comerme los morros, besarme los labios y beberte cada parte de mí que a tus ojos, de escrutarme tanto, se les escapa, por esa adorable desviación de despiste que te hace tan cúl.

Sé agita más tu respiración que mi corazón cuando me ves, lo noto; noto los latidos, que como ondas de sonido, me llegan a los oídos de alma.

Sé que te mueres porque te de un beso, no digas que no.

Dices y presumes que me muero por ti, y no sabes que la naturaleza reunió en ti todos los atributos para que, eso que te haría tan fea —lo de presumir—, te haga aún más adorable.

Di que no, que sí o que a lo mejor, pero tus ojos a mí no me saben mentir, dicen siempre que sí, ¡que sí, que sí!, clavados en los míos, tan desnudos como juntos cerca del cielo de nuestras almas, y del físico —o eso dice la madera— que es el techo de mi casa.

Eso es cielo no un hogar, cuando tú, de amar, me amas, y te sale el alma, y revolotea, y vemos cosas en techo, y un panda y una señora.

Tarde o temprano, será más pronto que el ayer del día que me dejes de mirar y no me devores.

Intentando medir tu belleza se rompería, entera, cualquiera regla, y toda, toda, la naturaleza.

Más tarde que pronto.

LOVE IS

De vez en cuando hay un amor que no es amor ni ostias, es vida en vena y heroína fuera de ella; éxtasis en la pureza de lo bello porque sí, sin razones, ni compresión posible.

Es locura al intentar comprenderlo y cordura tan sólo en sus besos.

Es vida en el apogeo de una muerte, tan sólo, digna el medio de sus pechos ¡tan montes se ven ahora! Cómo difícil parecía escalarlos, ella tumbada, y yo minúsculo, siempre, ante su presencia.

Si me odias te amaré para siempre.

Si me amas nunca te olvidaré; si me olvidas, te recordaré; y si me odias sabré que, como el poema: «...Me amaste, mujer, con insistencia...»

JUNE

Si sube la marea es porque la gente llora demasiado por el dolor de los demás y no miran al sol que, intrépido, se posa sobre sus lágrimas, y un arcoíris de mar y peces nace en ellas cada mañana que su tristeza les grita, con las olas llamando a su puerta, que el agua de ojos también es vida.

Empeñados en ver siempre lo malo, un día nos van a inundar con lágrimas de mar melancólico.

Sería una bonita y tan acuosa, como casi triste, manera de morir.

Un día reventaré y saldrá confeti de mí que, al posarse sobre la tierra, creará el primer árbol arcoíris del universo.

Esa será mi venganza contra todos.

Voy a pintar con tus labios a estelas de trozos de mar cualquier estrella que cruce el cielo, así haré un camino de fugaces para que, al morir, veas en que parte del firmamento dejé el argumento que, tocando tu pelo, te dirá que allá, ¡allá te espero!

Como siempre me quedaré con el primer dios que acepte mis besos.

NIRVANA ES UNA CHICA RUBIA

DE RIZOS MUY PREGUNTONES

Nirvana tiene rizos y es una chica que pregunta, con su pelo color sol de olas, todas las cosas que quiere saber; de mi boca parece, más que querer besos, sólo querer saber para que valen éstos.

No preguntes y besa.

Where did you sleep last night?

Espero que un día arropada por mí, en el ayer de mañana, mis sábanas y la poca cordura que me sigue dominando, me hagas esa pregunta, dentro de un abrazo, tus rizos en mi espalda, y mi boca donde tú quieras.

No, no fui yo fue el hombre que vendió el mundo.

No fui yo, el mundo no está en venta, no les dejo.

REVOLUCIÓN

Si empieza la revolución sexual que sea en mi cama, con las ventanas abiertas y que la gente se corra sólo de vernos.

Si empieza la revolución sexual que sea en tus labios al rozar los míos y llenarlos de dos mil o tres mil millones de cielos y sus respectivas estrellas, tan brillantes y fugaces como yo.

Si empieza la revolución sexual que sea a golpe de corazón y no de talonario de amor en venta, ¡siempre al mejor postor!

Si empieza la revolución sexual que nadie sepa hablar de ella pero que nadie la olvide nunca.

Si empieza la revolución sexual, ámame hasta que me duela y que tu pelo y tu risa toquen hasta las más pequeña y minúscula parte que aún reside en mí al verte que me dice que no puedo ser un dios a cada instante dentro del eterno aleteo de tus ojos en mi espalda.

Si empieza la revolución sexual ¿por qué no nos revolucionamos a nosotros solamente?, el mundo no seguirá.

Si empieza la revolución que sea dentro de la parte que en ti quiero ver; esa que me dice que la todo empezará con un beso y terminará con dos corazones juntos o separados, tan sólo por milenios.

Si empieza la revolución que sea en tu vida dentro de la mía, y no en la muerte de ningún ser vivo fuera de nosotros.

Ámame o revolucionemos al mundo amándonos. Es fácil si lo intentas.

THE D-DAY

El día que te conocí, llevabas ese pelo de niña mala, y más abajo, sólo pintado para los demás, en el medio de esa preciosa cara tuya, estabas tú y tu gesto torcido, que a mí sólo me atraía más y más hacía tus labios.

El día que te conocí, te metí los morros, a continuación, me calló la segunda ostia en veinte minutos; la primera fue sobre algo relacionado con lo bonito de tus pechos aquel día de verano. No lo recuerdo bien.

El día que te conocí me dijiste tantas veces que no, que tu primer sí fue cómo cuatro millones de polvos sin sacarla.

El día que te conocí, tu pelo, tan alborotado como mi alma al ver tu risa, casi infinita, —y tan bella como yo, y todos los presentes la veían—, te dije tantas veces te quiero, mentalmente, que alguno te llegó fijo.

El día que te conocí, me coloque en un minuto, tantas veces con tu cuerpo, como quince años bebiendo whisky barato.

El día que te conocí, algo me cayó en la cabeza, por qué desde entonces, creo que soy bastante más idiota.

Aún no sé cómo te atreves a decir que contigo sólo quiero sexo.

Ahora parece que sé que tú y yo somos tan diferentes, como juntos nos encontramos, a veces, tan a solas. Tanto como que te abrazo y me hundo en ti, tan separados, como cuando creemos que, de estarlo, siempre lo estamos.

Después de eso, siempre te vas.
Entonces sólo nos sentimos demasiado solos. Sólo eso.

PELO

A tu lado no hay razones para la sinrazón de que a tu alrededor el viento suene mejor y todo se vea casi a la vez que el tiempo que roza tu pelo con el aire de mi deseo.

WHERE IS...?

¿Dónde se fue mi razón?

No la veo.

¡Ahí está!

En el fondo de tu alma, cerca de tu corazón.

Se ha ido corriendo a por uno de tus besos, dentro de un abrazo, ambos tan desnudos como amados.

LUZ DE ROBOT

No encuentro mi lugar, porque no soy de ningún sitio, ni tengo hogar, ni casi casa, y no creo, tan siquiera, haber nacido, pero sí sé lo que soy:

Alguien sin miedo, y que, de tener tantos, se enfrentó a ellos, y no es que los venciera, tan sólo los olvidó.

No sé ni donde estoy, ni de dónde vengo, ni a donde voy, pero sé dónde me hallo: Dentro de mí, sin miedo al que más debo temer, a mí mismo.

Siendo nada, lo soy todo, siendo lo tan infinitamente minúsculo, comparado con lo inmerso del universo: Un ser humano sólo ante todo, sin que su soledad se la quite nadie y siempre, siempre, acompañado de ella.

No estoy solo, ni con una que se llama Soledad, estoy tan solo como siempre, con ella, a mi lado, tocando mi tan ansiada divinidad.

Soy solo y lleno, completo en mi soledad, y con ella siempre, susurrándome, que aquí estoy, tan de paso, como a la mañana me levanto y el sol me dice que estoy vivo, o no, y sólo me alumbra la puta cara, los fotones me traspasan las pupilas y le dicen a mi cerebro, tan robótico, que eso es luz, ni belleza, ni vida, sólo luz.

ACOMPAÑADA SOLEDAD

Cuando la música se va, —no del ambiente, de mi alma, tan sólo—, cosa que pocas veces ocurre, casi hasta siento esa soledad de la que todos hablan y que les hace rodearse de cientos de personas que odian; esa soledad de no estar a gusto contigo mismo.

Casi.

Entonces, cuando apenas noto el conato del primer atisbo de negrura desconsideración hacia mi tan completo yo, la música vuelve a sonar, y ya vuelve a mí el infinito de lo que no empieza ni acaba; eso que me hace sentir acompañado, tan sólo, con su excelsa presencia:

La de mi esclarecedora —y tan encadenado—todo para los demás—, cierta, ruda y bella soledad.

Lo único que me libera, ciertamente.

Soy lo tan solo, absurdo y acompañado de estar siempre con los ojos fijos ante mí mismo.

Ese soy yo, mi condena y mi liberación.

GIVE ME LOVE II

Mis vacíos, los tan escasos, están llenos de amor hacia el odio; sobre todo hacia el que veo en la gente y en su piel, en su gesto cuando noto que éste —el odio desmesurado— mueve su cuerpo a hacer cosas contrarias a su ser inicial, ese que sólo sabe amar.

Mis vacíos están llenos de amor hacia el odio que a veces noto en los demás.

No puedo tener vacíos llenos de amor hacia el amor, ¿o sí?

Dame amor, no odies y cállate la puta boca o a mí a besos.

Cómo tú veas.

Si tienes alas o sólo yo las veo, o eres un puto ángel, me es igual si eres de los que vuelan o no porque un día te voy a comer las alas a bocados y sólo vamos a poder volar mientras nos abrazamos.

Avisada estás.

MIRADA

Puede que el cielo sea tan azul para competir con tus ojos, y que sólo haya verano porque la tierra se cela de lo blanco brillante de tu piel y quiera competir con ella, para que no sea todo nubes, y oscuro, y parecerse a la claridad de cuando miras cualquiera cosa, y con lo profundo de lo que llevas tan adentro —mediante tu mirar—, se refleje en lo que observas y que de hasta la basura salgan flores...

Que resplandor cuando mirar cualquiera cosa, ojalá pudieras, mediante tu mirar, mirar como observas al mundo.

Parece que tu falta, y con falta me refiero a que no hayas aparecido hasta ahora, ha durado mil veranos, dentro de mil vidas que no merecían ser vividas, o en el invierno más frío de cuando aún no había nacido el amor, o de lo feo malo porque sí, sin más razones que la maldad.

Sólo puede que sea así, no digo que lo sea pero sería un bonito poder:

El poder ser cielo y mar, y una mirada que no hiciese más que mirar y mirar y ver las cosas como son, sin verlas ni observarlas, tan sólo, notando su parte intangible, la que hace y deshace a todas las cosas bellas y dignas de una mirada pura que no tenga mas intención que la de descifrar lo honesto y hermoso, esas cosas auténticas que tienen el atributo de lo tenazmente real en cada uno de sus centímetros.

Porque sólo lo bello merece, debe y se deja observar de verdad: en el apogeo de ser una cosa viva de verdad, aunque esté muerta.

¿No crees?

78

HACE YA ALGÚN TIEMPO

Hace ya algún tiempo que me da pereza la pereza, me da pereza dormir y me da pereza hasta pensar que, a lo largo del día, sentiré pereza.

No me da ninguna pereza, eso sí, pensar en lo casi burdo y rudo de lo bello de tu mirar en mi. Yo en mi sofá, y tu barbilla en un banco de no sequé local de ensayo, cierto final de un verano. No recuerdo cuál.

Es tan instintivo lo absurdo de tu belleza que, a mí por lo menos, me pega una ostia en la puta jeta, cada vez que, casi asustado, intento observarla sin que me dé un guantazo; e intenta que te intenta, las veces que lo consigo se desmaya la parte de mi mente que me pide, a gritos, que me acuerde de ti.

De bello que es lo que creo que ver en tu rostro —tus gestos, tu risa—, siempre insisto en creer no querer verlo, o verlo demasiado, que viene siendo lo mismo.

Truena que truena tu mirar en mi alma, cuando casi atisbo, lo auténtico y real de lo tan hondo de eso que, de bonito, se esconde detrás de todo lo tuyo, también de tu cuerpo, tan desnudo, a veces, abrazado al mío.

Pero sólo a veces.

Hace ya algún tiempo que te pienso de una forma en la que un hombre no debería pensar a una mujer fruto de un momento dentro de una mirada.

Serán cosas mías, o cosas de aquella mirada. No lo sé.

Si mañana no amanece me quedo para siempre a vivir en el sol de tu mirada, parece caluroso.

VUELO

Si vuelo espero que sea dentro de ti, en el universo de tu barriga, dentro de lo celestial de tu mirada de fémina. Ahí y sólo ahí reside lo inmortal de mi deseo hacía todo.

Si vuelo espero que sea dentro de ti, en el universo de tu barriga, dentro de lo celestial de tu mirada de fémina. Ahí y sólo ahí reside lo inmortal de mi deseo hacía todo.

Si vuelo espero que sea dentro de ti, en el universo de tu barriga, dentro de lo celestial de tu mirada de fémina. Ahí y sólo ahí reside lo inmortal de mi deseo hacía todo.

DI QUE NO

Estás que te mueres porque te de un beso, no digas que no, o dilo, pero sé que estás que te mueres.

No sé de donde sacaste lo bello que tiene eso de ti que, tan sólo, muestras cuando me miras, pero me traspasas y soy hasta guapo y también yo mismo, y tú la cosa delgada más bella del mundo.

No digas que no, o dilo, pero está que te mueres por morirte de placer por uno de mis besos, y quedarte dentro del que más te guste durante un par de horas.

Si te sientes como que te mueres y no, es que te mueres; el que siente que casi se muere por algo y no está muy seguro, es que lo desea más que nada; y aunque quieras que me lo crea no estás hecha de hielo, y si lo estás es del que derriten mis besos.

Estás como quieres y en ti la belleza alcanzó su cenit.

Estás que te mueres por uno de los míos, di que no, pero ambos sabemos la verdad.

Agita que se agita tu pecho ante mi presencia, con su respirar tan rápido, reclamando, a gritos de los que besan, mis labios.

YO

A tu lado no hay razones para la sinrazón de que a tu alrededor el viento suene mejor y todo se vea casi a la vez que el tiempo que roza tu pelo con el aire de mi deseo.

PIERNAS

El sitio de mi deseo está entre tus piernas de cielo.

LABIOS

El sitio de mi deseo está entre tus piernas de cielo.

DENTRO

El sitio de mi deseo está entre tus piernas de cielo.

BESOS

Si esto es el final, acaba conmigo a besos; no pido más que una muerte digna dentro de uno de los tuyos.

ORGULLO

Tengo que salir, estoy más tiempo dentro de ti que fuera.

Si te vienes al lugar en donde tu interior son valles de amor en los ojos de dios los dos nos escapamos, juntos, al sitio de ningún lado que tú quieras.

Los poetas quieren el dinero de las estrellas de rock, los rockeros el genio de los poetas. Ambos desprecian lo que tienen y desean lo del otro.

¿Si no somos nada?
¿Qué hacemos cuando nos besamos?
¿Nadar?
Yo sí.
Siempre de mi nada a tu todo.

El orgullo es la inteligencia de los estúpidos.

PARECE

Parece tu voz, sólo cuando yo la escucho, los pájaros que con su sonido, tan aturdidos a través de mis oídos, me despiertan cada mañana.

Pareces tú cada sueño y desvelo.

Parece tu cuerpo el panal de cualquier cielo demasiado eterno para que mis pequeñas manos lo toquen, siquiera, de una forma levemente torpe.

Pareces tú en mi mirada, a veces, todo el universo.

Parecen tus labios tan lejanos que me quieren besar hasta el alma cuando, de mirarte tanto, ésta se sonrojan y me sale por la boca al encuentro de uno de esos que me tienes guardado.

Pareces todo, y nunca nada, en mí.

Eso veo en ti cuando de mirarte tanto, alguna vez, lo hago de verdad.

NURI

Si esto es el final que sea uno lleno de principios a tu lado o siempre la canción, suena que te suena, en tus labios.

Si esto es el final que sea el principio de algo.

No creo en los finales por eso, en mí, nada termina.

Empieza la parada tranquila, siempre, al lado de tu sonrisa.

Claro que puedo vivir sin ti pero, sinceramente, no me sale de los huevos, para qué voy a mentir.

Si hablara el tiempo siempre, siempre te diría que soy del viento, a nadie pertenece mi alma infinita más que a quien mece los desaires de tus muecas de niña mala.

Siempre pierdo ante ti y el tiempo se rinde a tu mirar.

Siempre.

¿Qué puedo hacer sino más que mirarte y decirle a lo que no pasa que pase ya y que me beses de una puta vez para nunca terminar?

Nunca pasó el tiempo de largo, se quedó atrapado entre nosotros, no quisimos dejarle marchar.

Si intentándolo sólo podemos perder, intentemos besar al cielo en el apogeo de su primer sol de la mañana y en la belleza de la última luna de cualquier noche, tan abrazados a las estrellas que rompamos una en nosotros.

Es fácil si lo intentas.

El bien, real y auténtico, que parte de ti hacia los demás y hacia el mundo sólo puede salir del bien puro de tu corazón. El bien no puede obligarse hacer e incluso, obligado a hacerlo, no es bien. El mal, o aparente mal, si parte del bien, es más bondadoso que el bien que parte de la apariencia hacia ti mismo o hacia lo demás.

Si me das amor te doy la guerra que tu cama necesita.

Dios es todos y ninguno cuando uno sólo de nosotros odia.
Dios somos todos amando sin medida.
Eso es dios.

Hoy dios entró por mi ventana pero sólo era alguien hablando de ti.

No grites hablando del amor, susurra sobre él bajo y despacito, que sólo te escuchen los corazones que aman de verdad.

Si el tiempo pasa volando, volemos para no dejarlo marchar más allá del cielo que imaginen nuestras alas, con sus estelas tan blancas, al sentir el viento de nuestro mirar en el infinito o donde coño sea que se junten las líneas rectas que nunca lo hacen.

Vuela y ama, porque amar es volar en tu mirar.

CAMPOS

Si éstos, los campos que soñó dios en su infinita ternura hacia lo natural, se pueden comparar en algo a tus pechos, no quiero saber cómo de increíbles son esos campos que, de verdes, dice la gente que se confunden con tu sonrisa; me niego a creer que algo, por inmenso, y sólo por ello, es más grande en mí que lo minúsculo de tu cuerpo.

Me niego, porque dios me toca cada vez que tú me besas. Nada es más grande que eso.

LOVE IS IN THE AIR

Si te digo que te quiero más que a mí, te querría más que a la única persona —yo— que, sólo amándose a sí misma más que a nadie, puede quererte como nadie te ha querido, y nos odiaría a ambos por ello.

Por lo tanto, no te quiero más que a mí mismo, pero si más de lo que te querrán nunca. O ese es el plan.

Hablando y hablando puede ser un cielo o un infierno.

Es divertido.

ALMA I

A veces veo nevar, en verano, de las almas tan puras de la gente todo su odio, como si el calor consumiera lo malo que hay en ellos.

A veces veo las almas y sólo noto luz, la oscuridad sólo está en la mente del que quiere odiar, nunca en su esencia que siempre es buena.

A veces veo tu alma, y sé que todo va bien, y que su pureza se expresa en eso tan pequeño que tienes alrededor de ella, eso que llamas tu cuerpo—cuerpecito de niña mujer.

Si viene el viento diciéndome, sin prisa y acurrucado en ti, que no te mire más, que le den mucho por culo, tu cuerpo necesita de mis ojos, ¿no crees?

Porque el que huye del viento que mece el pelo de quien va acompañado de su brisa no merece mirar el resultado de su aleteo sobre el mundo.

AMOR

A veces veo nevar, en verano, de las almas tan puras de la gente todo su odio, como si el calor consumiera lo malo que hay en ellos.

A veces veo las almas y sólo noto luz, la oscuridad sólo está en la mente del que quiere odiar, nunca en su esencia que siempre es buena.

A veces veo tu alma, y sé que todo va bien, y que su pureza se expresa en eso tan pequeño que tienes alrededor de ella, eso que llamas tu cuerpo—cuerpecito de niña mujer.

Si viene el viento diciéndome, sin prisa y acurrucado en ti, que no te mire más, que le den mucho por culo, tu cuerpo necesita de mis ojos, ¿no crees?

Porque el que huye del viento que mece el pelo de quien va acompañado de su brisa no merece mirar el resultado de su aleteo sobre el mundo.

Pareces todo, y nunca nada, en mí.

Eso veo en ti cuando de mirarte tanto, alguna vez, lo hago de verdad.

Si sólo existes tú, ¿para qué quiero más?

Y si no existes, ¿qué más quiero que sólo lo hagas?

¡El qué? Amarme hasta que me duela y que de mi salga amor puro que sólo sepa amar y amar, y mientras nos amamos que el mundo ame y viva y se besen mucho y bien, en cada esquina y en cada calle, que la gente sea feliz porque pueden y prefieren vivir odiando.

El odio no es una carga pesada, es una carga fácil de conseguir y de llevar, por eso la gente la coge.

Odiar es demasiado fácil y amar más aún, pero se acostumbran y creen que el camino correcto es el que no lo es y viceversa.

Ama y vive. No digas que amas mientras odias a todos y a todo. Ama amando porque las palabras del amor son sus actos.

NADIE

Lo siento, pero no puedo hacer nada, no soy de nadie, soy del viento que, a veces, veía rozando tu pelo

No soy de nadie porque nací libre, y la libertad no la puede contener ningún beso.

No soy de nadie, soy de lo que creéis ver cuando nunca os miro a los ojos.

Resido en el subconsciente de lo que veis reflejado en mí cuando hago cómo que no miro.

Lo siento, no soy de nadie, sólo soy tierra, y cielo, y viento, pero no soy suyo.

Soy de lo que nadie ve cuando nadie mira. No soy de nadie ni le pertenezco.

SILURO

No me gusta casi nada de ti.

Eres demasiado baja y demasiado delgada; tu nariz es demasiado grande y tus piernas demasiado cortas; tu pelo es demasiado largo y tu sonrisa demasiado estrepitosa.

Tu humor no pega con el mío y tu ropa lo hace demasiado.

A veces me sacas de quicio.

Tus besos son demasiado húmedos y tu presencia demasiado inquietante.

Sólo hay una cosa que me gusta de ti: me das paz, y cuando tengo esa paz que sólo tú me sabes dar eres lo suficientemente baja y delgada, tu nariz es tan bonita que no puedo dejar de darle besos estúpidos y pequeños, tu pelo se enmaraña con el mío y no somos más que un matojo de amor y filamentos pilosos; tu humor me pega fuerte y me despierta, y tu ropa se pega tanto con la mía que se aman, tus sudaderas y mis camisetas, a besos perfectos e interminables

Yo sólo sé que la paz es la ausencia de guerra, y que el amor sólo puede nacer y perdurar cuando la paz inunda hasta la peor de las batallas que, cada día, se libra en nuestras almas. ¿No crees?

MUNDO

Voy a escribir algo que cambiará el mundo o, al menos, el tuyo, que también es el mío y, por extensión, el de todos:

Todos somos uno, y en tus ojos siempre veo el infinito, por eso te quiero.

Todos somos nada, y en tu mirada nada empieza y nada acaba, por eso no puedo dejar de observarte.

Todos somos universo y polvo de estrellas, por eso tus ojos, tan negros, son dos luceros que, de oscuridad, alumbran al mundo entero; negrura de luz de mi ansiada inmortalidad.

Todos somos tú y yo, y nada, y todo a la vez, y de buscar a dios fuera olvidamos al que tenemos en nuestro interior.

Todos somos nosotros besándonos y teniendo a las estrellas en nuestra saliva, que no es más que el amor destilado de nuestra siempre querida vejez juntos; juventud perdida en miradas de otros.

Todos somos dios cuando te miro y no sé qué decir.

Todos somos lo que se nos escapa en un suspiro.

Todos somos tú y yo; y el que me mata muere; y el que salva vidas con sonrisas vive en ellas para siempre.

Todos somos el universo, y un trozo de hierba y un beso de enamorados.

Todos somos nada, cuando algo cruza por delante y no sabemos qué hacer.

Todos somos ángeles con alas que se olvidaron de cómo volar.

Todos somos dios, no lo olvidéis.

Todos somos tú, pero a veces, yo sólo soy lo que veo cuando me siento tan pequeño al lado de tu minúscula altura de diosa ante mis ojos de gigante de barro.

Todo es amor y dios, y todos somos yo amándote.

Todos somos amor, por eso no puedo dejar de hacerlo, amarte y amarte, hasta que el dolor que a veces siento sólo sea amor.

Sólo se amar porque de pequeño vi a dios en tu mirar.

No sé odiar porque no veo a la gente sonreír cuando lo hago.

Quién lleva un dios dentro también lleva con él un demonio

CONTIGO

Contigo es como volver a empezar, cada beso y cada mirar, me lleva al día que, de conocerme demasiado, te miré y vi en ti la respuesta de todo.

Volviendo a empezar en tu sonrisa todo termina al besarte.

De la oscuridad nunca puede salir luz. La oscuridad, por mínima que sea, acaba terminando con toda la luz.

CORONA

Si no vas a través del universo, volando entre las estrellas, cada día, nunca digas que has vivido.

Si alguien cambia tu vida que sea, mirándote, tras el polvo de estrellas de sus pupilas.

Si alguien cambia tu vida que sea para hacerte volar, de entre los árboles, el mar y el sol que cada uno tiene, dormido, esperando a su otra parte, en lo más profundo de su interior.

Si alguien cambia tu vida que sea para vivirla, cada día, tanto con ella como sin ti; a veces amado y otras, amando, no importa de qué forma, ni cómo.

Si alguien cambia tu vida que sea a golpe de besos y amor.

Si alguien cambia tu vida que, con ello, cambie al mundo o, por lo menos, las vuestras; porque, vida a vida, ya son dos que se salvan.

Quiero una corona de estrellas hecha, siempre, con tu manos, tan eternas y serenas, de niña buena.

Me merezco una corona de estrellas, la de tu cuerpo a mi vera.

Esa corona quiero, la de tu cuerpo en el mío; la de mi alma en el cielo que, de tanto mirarte, acabará por morirse.

Como yo cuando te miro.

INOCENCIA

Tu inocencia mueve mi mundo, siempre, en la misma dirección:
hacia tus labios.

El odio mueve a la parte del mundo que no sabe que amar es más fácil.

¿Y si no es amor puro, auténtico y sin miedo?
¿Qué es?
No es odio, pero tampoco amor.

Los demonios vuelven si el infierno sigue aún en tu cabeza.
El amor se queda si el paraíso siempre reside en ti.

Saludad, siempre, al día, por la mañana, cuando está el sol enreda-
do con las nubes y no se anima a salir, que sino después se pone triste
y se esconde.
Luego no os quejéis de que llueva.

Ningún ángel aguanta demasiado tiempo en el infierno.

Cuando llega el fin parece que el principio nunca existió, siempre
lo nubla todo.
Al final quiero que me beses como la primera vez.
Eso quiero.

De donde yo vengo el amor baja de árboles del cielo, y el dinero se
quema en hogueras.
De donde yo vengo no hay odio y el día siempre gana a la noche.
De donde yo vengo sólo existe el amor.
De donde yo vengo sólo hay paz en los ojos de la gente.

Intentado huir de tu destino sólo te enredas más con él.

Cuando me abandonan las hadas hago gilipolleces, ¿qué quieres que haga si ellas guían mis pasos y mi mente?

ALMA II

Y ahora verás lo que es sufrir en la faz de dios que, blanco y pulcro, esconde el dolor de ser demasiado para cualquier cuerpo.

Ahora sabrás que es estar sin ti, en el infierno de los sin alma pero con ella, y buscarla y buscarla sin encontrarla.

La continua búsqueda que siempre deseaste. La parada tranquila a la que nunca llegarás.

Ahora sabrás lo que es estar sin dios.

Ahora sabrás lo que es que te falte lo que siempre buscaste.

Me llaman sin nombre porque no lo tengo, porque no he nacido y, donde muera, viviré.

No me llaman porque no tengo nombre, nací sin él.

Nací con alma pero nunca la nombran porque, al torcer la vista, les ciega y lo ven todo.

Me llaman alma, pero nunca la nombran.

AMADA

Y sin embargo, sin quererlo, te quiero. No sé por qué.

Se supone que en tus ojos no hay nada más que pupilas y yo, en cambio, veo el infinito de una vida a tu lado que, de viejos y amados, queremos vivir siempre jóvenes, como cuando te vi, tan pequeña, que casi no lo hice.

Tan bella estabas que me quemaste los ojos, y durante cinco minutos sólo veía tu voz y oía tu corazón que, acelerado, me decía que estaba vivo. Al fin.

Y así seguimos, tu amada y yo amándote.

VOLAR

Crecí mientras volaba porque nunca escondí mis alas y, de volar, volé sobre ti, y ya posé los pies sobre el cielo.

Me cansé de volar cuando te empecé a besar y ahora no quiero parar.

ME PONES PORQUE TÚ ESTAS MUY BUENA Y YO SOY MUY TONTO

Me vuelvo loco pensándote, y ya no vivo ni en mí, ni en ti.

Vivo entre nuestros cuerpos el día que, nunca, juntos estemos, en mi cama, tan abrazados, como orgasmizados, mental, física y sentimentalmente; casi unidos hasta el infinito de la noche en el que salgas por mi puerta tras mi adiós, y tu último hola con los labios, al encuentro de tu marido, y con mi recuerdo siempre presente. Es así y así debe ser.

El hombre al que todas deseaban follar, por loco y casi inalcanzable, en el limbo finito de su estupidez, tan genial como atractiva.

Me pones porque estás muy buena, joder, y tienes una belleza casi tan real y delgada, como la fina línea que existe entre las veces que casi no te veo, y otras, en las que me atrapas, tanto, que vuelo de entre los albatros de Baudelaire comiéndose los tilos del poema de Rimbaud, y le escribo una poesía a cualquier dios del sexo que resultas ser tú abierta en canal, para mí; y tus pechos parecen dos soles; y tú cara el mismo cielo de cuando empezó todo, al menos lo bello e interesante. Y voy yo, y me como al jodido ave. Ensangrentados los dos acabamos de agua de cielo de poetas franceses ya muertos.

Que idiotez tan arrebatadoramente desgarradora de mentes idiotas. Aunque también de esas que embriagan a los que lean, con los ojos cerrados, atentos, leyéndolo con el alma del alma de su corazón.

Tan bello esto que digo, como terriblemente temible sé que será el final de lo que sólo, ya, espero que nunca empiece.

Sino, estamos bien jodidos.

NUNCA ME HAN INTERESADO NI EL PODER NI LA FORTUNA (LO QUE ADMIRO SON LAS PUTAS)*

En los noventa molaba cada átomo de nuestra tan hortera vestimenta, cada molécula de nuestro pelo teñido, y cada pelo de nuestras cabezas que nunca se observaron, al menos con conocimiento de causa, o con una mínima vida de pasión visual. Aunque esto es un jodido pueblo, y seguramente hasta nos miramos sin vernos, pero nunca con deseo... o sí, vete tú a saber. Yo bebía mucho —no tanto aún— y tú eras terriblemente guapa.

Nunca me han interesado el poder ni la fortuna, si así fuera sería igual de pobre pero estaría amargado.

Nunca he valido para nada que dé más dinero, que la sonrisa de felicidad de la persona que amo, durante lo que dura en su cara el gesto desencajado de placer del séptimo orgasmo conmigo, hasta que cae rendida a mi vera (verita, vera); encima o debajo, ya no lo sé; ella, yo, o quién sea que pasé por allí.

Ya sabes que se me dan mal las matemáticas, y aparte soy malo contando cosas mientras me estoy corriendo.

Las putas molan, pero molas más tú.

De ellas admiro su trabajo. De ti admiro cuando trabajas y me atiendes, como embobada, casi me follas mientras, entre miradas y cabezaditas hacia el ordenador, parece que me quieres hacer siempre algo más que a cualquiera que te diga lo que sea que quieras oír.

O seré yo que me estoy volviendo loco. O ambas, o ninguna.

HOY SOÑÉ CON ELLA

(O ESO CREO)

No sé dónde empieza lo real y lo que no. Todo se empieza a confundir de una manera demasiado sutil y relajada, casi sin notarlo doy el siguiente paso hacia la desconexión total de la realidad. O eso creo.

Empiezo a dejar de diferenciar las pesadillas, del miedo; el placer de los sueños.

Es una mezcla entre días raros e incómodos. Sólo eso, cierta incomodidad. Es casi hasta divertido.

Ayer creo que soñé contigo. Sino me pego un tiro en la boca, pensando que es el plátano del desayuno, algún día te lo contaré. Nada de vicio suicida, que nadie piense eso, sería sólo simple confusión de realidades.

Hoy soñé con ella. Creo que pasaba de mí, por eso sé que era un sueño.

A ver si vienes, necesito tú embobamiento fijo en esa pseudo—intelectualidad que dices ver en mí; y esas miradas que me echas, casi largas cuando, al creer —como con todo— que estoy muy atento a algo, no paras de mirar y mirar, como cuando relleno papeles, o me sacas fotos ¿cuánto tiempo estarías mirando para sacarme aquella foto? No sé por qué lo he pensado ahora, supongo que te echo de menos.

No te preguntes donde estabas cuando empezamos la revolución en los portales, hagámosla juntos para no arrepentirnos de algo que nadie nunca sabrá, ni siquiera la puta canción que habla de ella. Follemos en ellos con los bolsillos llenos de las llaves de la casa de otro, y el corazón henchido de algo tan parecido al amor, que no haya más que la duda de dudar de su totalidad; o sí o no, pero nunca a medias: Si no hay duda absoluta sobre la creencia total en algo, ni es algo realmente hermoso, ni merece ser observado, ni sentido.

Lo auténticamente bello es la bipolaridad de lo hermoso, en sí mismo, y sus ramificaciones, variaciones y consecuencias en, por y para el ser humano.

Esto es lo bello en su más alta expresión. Lo salvaje de la belleza que, al ser encerrada, pelea y araña. Porque lo auténticamente hermoso no puede ser encerrado y, o lucha para liberarse, o se muere haciéndolo, aunque sea, mirando, fijamente, con sus hermosos ojos con lo que todas las cosas bellas miran a lo, tan horrendo, que las quiere atrapar.

Hoy soñé con ella. Estaba realmente preciosa, como siempre; con esa risa, y ese pasar de la realidad que la hace jodidamente adorable a la par que casi malvada.

Bella belleza del mirar, —tuyo, y a veces mío— en el fondo de mi alma.

Eso es lo bello de cuando me miras ¿Para qué cojones voy a querer más?

LA CALMA DESPUES DE LA CALMA

Si hay calma después de la tormenta, prefiero la tormenta de tu alma, a la calma de no tenerte, que cojones.

Prefiero la tormenta de lo inconcluso del tocar de tu pelo y tu risa en mi pecho, extasiados ambos ante en sinsabor de mi locura y la de tus quince años perpetuos.

Prefiero no preferir tener que elegir entre la calma y la tormenta, pero de preferir, prefiero tu tormenta que mi calma, sin tu mirar en mi hasta soy aburrido.

La calma después de la calma será mi mano en tu espalda, y mis besos en ese cielo que dices que es tu boca, yo no me lo creo.

Esa será mi calma, estoy cansado de que la puta tormenta resida en mí.

A los demás que les jodan.

QUÉDATE A DORMIR

Si te quedas a dormir, cierto día, casi sin querer, te prometo que cambiaré tú vida... o tan sólo esa noche, pero ya es algo dormir entre orgasmos y levantarnos empapados de amor y de los trinos de los pájaros.

A mi buhardilla le falta tu cuerpo, a mi corazón tu pecho, y a cierta parte de mí, alma tus besos.

Si follamos entenderás el sexo de forma diferente y verás, por un instante, el mundo a través de mis ojos, y si quieres, le puedes sacar una fotografía de las tuyas, de la que captan lo mío tan bien que hasta parezco yo de verdad.

Quédate a dormir para no hacerlo en toda la noche.

SEAMOS NIÑOS DE NUEVO EN EL

MIRAR DE TU ALMA

Hoy sabemos que el amor no es verdad, no al menos tal y como nos lo contaron: él es eterno y vuelve niños a los amantes que, desnudos, se entregan en alma, nunca en cuerpo.

El amor es tu mirar, y el fondo de mis bobadas que te quieren tocar el alma. El amor es ser niños de nuevo en el despertar sereno desde la boca de la risa —entre las piernas del alma—, hasta ese deje de tu boca que me deja sin palabras.

Amor es tu ser y tu ansia por ser más al no besarme cada mañana.

Eso, Sandra, es amor. No dejes que nadie te diga ni te haga sentir lo contrario.

CHINARSE LOS OJOS CON LA PARTE QUE ME QUEDA DE TU RISA ES BIEN

Si el infierno es el olvido, fóllame sin mirarme en el cielo de tu presencia impoluta, dentro de ese innato deseo que van de tus ojos hasta tus pies de cuando, camina que te camina, vas a mi encuentro para preguntarme cualquier cosa con la excusa de mirarme de arriba abajo; tan sólo para excusarte ante ti y todos los demás y robarme medio beso de los ojos, de esas miradas que te echo de cuando te miro las tetas de soslayo.

Si el cielo es no verte, dame el invierno del principio del verano de cuando se te caiga la ropa, casi quitándotela yo a golpe de ojos tan descarados como la escena, mirándote demasiado, como siempre —y ésta vez como nunca—, preparados, ambos, para pasarlo bien en mi cama.

En la primavera de nuestros cuerpos unidos ya no haremos nada, porque nacerá y crecerá hasta el infinito del beso que no nos daremos un jardín de alegría infinita entre nuestros cuerpos.

EN LA ALAMEDA SU NOMBRE HA-BLA DE LA BELLEZA DE LO EXTENSO DE SU VIDA EN CADA ÁRBOL

La alameda no es bella por álamos, ni por verde, ni por árboles: es bella por su nombre, que en sí lleva poesía y besos de jóvenes; y el primer adiós y el último hola de la revolución del amor, la que hicimos en tu cama dentro de una mirada, encima de la nota más bella, de la canción más famosa, de los radio fórmula de los noventa.

La alameda son los álamos que besan tú boca, y yo que miro y me celo, y me hago árbol para tocar, por un segundo, tus labios; como a veces toca el viento tus pechos; el agua, tus labios; o el deseo de cualquiera, tus ojos.

Naturaleza de alameda pura querría ser, para tocarte y besarte la parte del árbol más bello que tienes. Parte, al final, de lo natural que todos llevamos.

Los álamos, son como lo que no se ve ni se toca, pero que al juntar da lo más hermoso, siendo dicho sin verse: Alameda que es tu belleza abierta, y tu boca en mi ropa, tocando casi, lo que nadie quiere sentir dentro de sí.

En la alameda —en cada árbol de ella—, su nombre habla de la belleza de lo extenso de su vida en cada hoja y en cada gesto hacia cualquier golpe de viento, que no quiero desperdiciar nunca sin ti; dentro

106

de cualquier existencia mía aquí —ya sea no empezada o casi acaban-
do—, fuera de todo lo tuyo o de algo de tu nada, pero siempre, dentro
de uno de tus besos; o ya sea fuera de tu deseo, mirándome, siempre
así quiero que, a veces, sea.

TROTA QUE TE TROTA EN MI

MENTE SU MIRADA

Trota que te trota en mi mente su mirar.

Andan como por el cielo sus piernas fulgurantes y tan negras como
creen que tiene el alma; bellas como es ella.

Sonríe ante mis cantos una mujer tan hermosa que, a veces, se me
hace irresistible no decirle todo lo que nunca le diré.

Su sonrisa hacia mí hoy mismo, en el camino hacia donde nunca
estaremos, iluminó todo el hemisferio norte.

VENDO TROZOS DE CORAZÓN,

A PRECIO DE SALDO,

A POLVO CADA UNO

Coge otro trozo de mi corazón. Sé que te gusta. Tengo para regalar, nací con varios en diferentes partes.

Si necesitas a alguien a quien amar, con una mirada, follaremos en el limbo que cualquier señor de lo todopoderoso tendrá reservado para nosotros; en una canción de Woodstock con nuestras caras de placer; que de entre el sudor, gemirán, esas lágrimas de nuestros cuerpos, que seremos nosotros y parte de nuestro universo en aquel momento, abriéndose, como tus piernas, o mi boca al besarte todo el cuerpo.

Alguien a quien amar, podemos ser tú, yo, o ambos unidos.

Seamos, tan sólo, a quien la historia ame.

Ella quiere por millones, y genera mitos hasta de algo tan obsceno, sucio y egoísta como el amor hacia, solamente, una persona.

Seamos tú y yo, tan sólo, en el momento de placer extremo en el que dejemos de serlo

PÍCARA WOMAN

Hoy me sonrió la picardía, lo juro. Era tan bello el guiño que me hizo su risa, entre esos ojos y medio movimiento de labios, que casi me da un ictus de amor puro.

Hoy me sonrió una chica que me quiere hacer más cosas en la cama que yo fuera de ella.

En ella la muerte no tendría señorío, porque ella mandaría sobre tan horrenda visión del final de cualquier cosa tan hermosa como sería cuerpo desnudo, o ese cerrar de ojos tras esa puerta donde reside su sonrisa, tan infinita, como ya es mi paso hacia cada día que suba a alegrarnos mutuamente parte de lo que ella quiera.

En ella la muerte es picardía. En ella no existe el final de la belleza. En ella no existe dolor, sólo el placer que nunca nos daremos.

LONELY THE ABRAZOS

Si no te he abrazado lo suficiente, es porque nunca lo he hecho.

Porque, y escucha bien esto, sólo los que sabemos abrazar a la tristeza en su refugio de bella negrura, ese de ver el fondo del alma de cada uno sin miedo; sólo esos abrazamos al cielo, al mar y a la gente si queremos.

Y en un abrazo mío reside el infinito.

Sólo los solitarios, cuando abrazamos, alejamos la amargura que creen los demás, la soledad, genera en su alma.

Si no te he abrazado lo suficiente, es porque tú no quieres, y yo no me dejo.

LA FLORISTA DE LA CALLE DEL

POETA

¿Si mi calle roza tu piel por qué no puedo hacerlo yo?

Hoy vi a una chica que se confundía con sus flores, apocada como siempre, tímida como nunca, casi intimidando con su desgarbado acento sexual a las flores que no le vendía a nadie.

Ella es así pone flores para que la gente las vea, nada vivo sale de ella para venderse ni nadie la compra pero su corazón se alquila al que sepa amarla de verdad.

Hay una florista en la calle del poeta que, de tan bella, era lo único que le faltaba a la calle.

GONNA START A REVOLUCION
FROM MY BED*

Que no me da la gana saber lo que piensas, si no es para decirme que me deseas tanto como yo a ti. Que salga algo de verdad por fin, una palabra a tientas, de entre esa risa que me dice que te bese, y esas piernas que me piden abrirse hacia la parte de mí que no pararía de mirarte desnuda y tan entregada; tanto como que hay veces que parece que casi me odias.

Si empezamos una revolución desde mi cama, el sol se asustará al ver tanta luz dentro de un deseo, que de tan sexual y prohibido, brillará más que él en verano; y ya no saldrá hasta que lo hagamos nosotros de dentro de las sábanas sudadas de mi cama; nuestros cuerpos agotados del amor que nos daremos a horcajadas y embestidas, con el que temblarán los cimientos de nuestro ser más profundo y oculto, ese que no sabíamos ni que existía.

Estaremos, ambos, tan absortos, extasiados y obnubilados, tan en nuestro mundo y fuera de éste, que va a quedarse la luna colgada de tu risa, sin esa prisa que a veces parece que tienes por besarme; calmados y engarzados, nuestros ojos, tan caídos, ante el espectáculo de nuestros iguales por fin amados, y encontrados, en el sinsentido vital que será vernos, a mí en tú espalda, y a ti en mi pelo.

Voy a empezar la revolución desde mi cama hacia tu cuerpo pasando por mil orgasmos en ti hasta el mundo entero... ¡Nah, al mundo que le jodan!

Hagamos la revolución en mi cama, nuestras vidas, son ya, lo tan único y lo tan total, que finalmente, podremos cambiar.

Si alguien nos quiere seguir...es fácil si lo intentan.

SÉ QUE ES CASI NADA PERO ME

SIRVE DE TANTO*

Tu risa a veces me alegra el día, tus piernas la vida, y tu cuerpo la entrepierna; a veces, tan sólo a veces, y sin vicio ninguno.

El momento más feliz es cuando te hablo de la vida y parece cómo que me quieres comer, pensando: ¿y este de dónde salió?

El momento más feliz son mil momentos que imagino contigo, tan a solas, que no habría ni sol, ni luna, y las estrellas se esconderían en tu pecho.

El momento más feliz sería besarte el alma desnuda y tú cuerpo cubierto de mí.

No es casi nada, pero me sirve de tanto hablar contigo de casi todo...

PROCLAMA SI QUIERES TU VICTORIA (PORQUE ME HE ENAMORADO DE TI)*

¿Quién querría nada con una mujer casada y con dos hijos? Preguntó, ella, cierto día soleado, casi tanto, ese día en sol estaba, como su pelo.

Lo preguntó con esa inocencia de siempre: Pícara y lánguida; apocada y tímida; mezclada, hoy, con ciertos nervios adorables.

Son ese tipo de preguntas de las que tan sólo se espera una afirmación rotunda por la otra parte para, inmediatamente, ruborizarse y reír, o soltarte un ostia.

Yo quiero, como no. Pero no lo dije, miré hacia otro lado y sonreí. Ella también.

Hay sonrisas que dices más que maratones de sexo.

Proclama tu victoria porque me enamorado de la parte de ti que también quiere hacerlo; de tu cuerpo, de tu risa, de tu picardía, de tu inocencia y sobre todo de todo lo que nadie nos dejará —sobre todos nosotros mismos— hacer a todas horas: Amarnos sin medida como sólo nosotros sabríamos.

YO SÓLO SE VIVIR ASÍ (NO SÉ DE OTRA FORMA, NI QUIERO CONOCERLA)

No sé restar, por eso siempre sumo, aunque a veces cuento de dos en dos.

No se sumar por eso a veces me sobra la resta y multiplico, y a veces hasta divido. No sé de qué os sorprendéis, no sé vivir de otra manera, me sale solo, como ir al baño o andar.

El único que no se sorprende de lo que hago soy yo, por eso siempre os sorprendo con cosas nuevas, cuando lo único que busco es sorprenderme a mí mismo. Y mientras busco que te busco, renuevo las ganas de seguir buscando y busco la sorpresa que nunca llegará.

No sé vivir de otra manera, y si lo hiciera, viviría sin vivir en mí, que es peor que morir, como Santa Teresa.

PRIMER ACTO:

LA TEMPORADA MENTAL

Es ahora mi vejez, algo a lo que amar, algo deseado por las mujeres, como tanto odiaban mi tan alcohólica juventud.

No he hecho más que transformarme, cual ave fénix que, como un albatros mental que busca el mar, ya sólo ansía el deseo de las mil hembras que nunca habitarán en mi cama, y que, finalmente, me quitarán mis ganas de ser algo de lo que quiero ser. Algo más de lo que nunca seré.

Mi temporada mental en la parte de mí que empieza a vivir, será la que, tras mi muerte, me haga inmortal en el deseo que empieza a brotar en los ojos de todas, ese que nunca satisfaré.

SEGUNDO ACTO:

MI TEMPORADA MENTAL EN PARÍS

Mi temporada mental en París empieza hoy: cerraré la puerta de mi casa, mis alas se ocultarán y mi alma volará por entre los edificios de la ciudad que me vio nacer, porque sin yo haber nacido, siempre naceré y moriré allí.

Le pertenezco como un amante desesperado.

Empieza mi temporada mental en París.

TERCER ACTO: EN LA RENUNCIA

DEL EGO SE ANUNCIA EL DESEO

En la renuncia, real y autentica del ego sexual; la real, de mente, no sólo de cuerpo. En ella, se encuentra la panacea del deseo de todas, que no es tal, una vez esta renuncia sea llevada a cabo.

Vendrá el deseo de todas cuando el mío hacia ellas, resida en el limbo de mi inexistencia hacia lo que tanto ansío hoy: Un cuerpo mortal, real y auténtico al que abrazarme sin miedo; que no será más que yo mismo cuando, muchas, empiecen, a llamar, con desespero, en busca de mí y de mi cuerpo, a mi tan deseada puerta, que creerán dará paso a mi ser más profundo y el suyo más real.

Que gran mentira: Ésta puerta sólo da paso al paraíso.

Mi camino hacia la temporada mental en París está en curso ¿Estáis preparados? Yo no, por eso lo estoy tanto.

La renuncia de mi ego, es la anunciación del nacimiento del deseo de todas hacia lo que más ansían: Lo que no nunca podrán, ya, tener, ni poseer.

CUARTO ACTO: DE POR QUÉ EL AMOR ES TAN IRREAL COMO BELLO, EN EL SINSETIDO DEL SINSABOR DE SABER QUE SÓLO RESIDE EN OJOS AJENOS, NUNCA EN UNO MISMO

El amor nunca reside en uno mismo, reside en el mirar de la amada, por lo tanto es irreal; y si es real, tan sólo lo es en su caminar.

AMA

¡Ama siempre que puedas! ¿Qué tenemos más que amor?
Somos amor, ¡ama y no pierdas tu tiempo!

DEBES FOLLAR COMO AULLAN

LOS LOBOS

Debes follar como aúllan los lobos:

Con ganas de comerse a alguien para matar, mediante el placer de la sangre, su ansia por ser algo más que un animal con el único sentimiento —tan puro y visceral— de cabalgar, libre, por el bosque de lo tan hondo de su dolor.

Nosotros somos especiales: Podemos transformar eso en amor, tan orgasmizados ambos, que nuestro corazón sea licantrópico por unos segundos.

Seamos animales en un mirar de nuestros respectivos desnudos ante el otro, y también en nuestro más hondo y difícil interior, siempre oculto ante todos.

Es fácil si lo intentas. Follemos como animales hasta ser seres humanos auténticos.

SI PAREZCO UN ÁNGEL, LO SERÉ

—Un día me van a salir puta alas y voy a volar —dijo él.

—¿Eres un ángel? —preguntó ella.

Él la miró y le sonrió de esa forma, como sólo él sabía, casi sin hacerlo y diciendo mucho.

—¿No parezco uno? —dijo él con los ojos.

—Sí —casi susurró, ella.

Entonces él pensó que no tenía más defectos porque, al fin y al cabo, no tenía ninguno; era perfecta, a su modo, que también era perfecto, al menos para él, y él, para él mismo, lo era todo. Se fue, y le escribió y nota que después le dio, la nota decía lo siguiente:

Si piensas
tanto en mí,
como yo en ti,
uno de los dos
piensa mucho.

ENTREVISTAS Y SEXO

¿Por qué no te pones de rodillas y me haces feliz, en el cuarto del jefe, para quitar con el olor de nuestro amor ese pestilente hedor de los baños?

¿Por qué no me fotografías desnudo para después, a escondidas, tocarte, yo saberlo, verte, y tocarnos ambos en mi casa, más y de verdad, para así gozar tanto como queramos?

¿Por qué no nos dejamos de ostias, me entrevistas y alucinas? Y así subir, después, hipnotizada, a mi habitación para liberarte de la pesada carga de tu deseo a embestidas de mi sexo contra el tuyo; ambos mojados, extasiados y tan amados, como el descanso necesario de después del fornicio, para no morir de agotamiento y placer.

HOY VI UNA LENGUA A UNA MUJER PEGADA

15 de Mayo, 2015, mediodía de primavera bonita.

Hoy el sol no brillaba demasiado, los tilos de mi cabeza estaban apagados, y las poesías que siempre me sobrevuelan, dormidas.

De repente, casi lejana, pequeña, como huraña, y con una curvatura que casi hacía más irresistibles sus pechos, apareció, de entre lo nublado que estaba el día en mi cabeza, más gris casi que yo, una chica, de la que esperaba, apenas, un sutil saludo, casi mal encarado.

Cuál fue mi sorpresa cuando, tras sus gafas negras, y un poco más abajo su boca, yo mirándola, se asomó su lengua, casi cursi, medio obnubilada, como de adolescente traviesa

¡Ay, amigos! ¡Me alegro el día, media vida y parte de la entrepierna!

No fuisteis vosotros testigos de lo que ha sido el paso en mi cerebro de esa chica que casi no me hablaba, una no tan guapa desconocida hace apenas un mes, a la aceptación implícita de muchas cosas con esa mueca de niña mala ¡no visteis la cantidad de cosas que me hizo o que sólo yo imaginé!

Solo vi a una adolescente, con más ganas de vivir que yo, y con aún más ganas, —este idiota medio enamorado—, de comerse su lengua casi bífida y de que ella me hiciera lo que quisiera cuando le apeteciera con ese feliz extensión, hoy apenas mojada —no tanto como podrían estarlo otra partes si ella y yo estuviéramos casi a solas—, que es parte de ese cuerpecito de nínfula de cuarenta gloriosos años ¡que puta es la vida!

Tenemos pendiente una entrevista y varias noches juntos, si tal.
Si cuela, cuela.

SOMOS

Somos lo que en una foto no nos dijimos, lo que en un pasar se quedó en el fondo del pozo de nuestra distancia.

Somos lo que te quiero hacer en la cama, y somos tu risa y la brisa de tu prisa por fotografiar todo lo horrendo del mundo que quieres embellecer con tu estilo de quinceañera sexual.

Somos amantes de acantilado. Somos los que no perecemos.

Somos los que hemos caído y han vuelto de los infiernos, y podemos ser los amantes recordados por nadie más que por su amor desconocido ante ellos mismos.

Si quieres fotografiar cada instante, y que años después, tus fotos le hablen a nadie de mí, soy tu poeta maldito, sino follemos hasta quedarnos sin corazón.

SABE MÁS EL POETA POR INSTINTO, QUE POR HABER APRENDIDO Y OLVIDADO

El profeta sabe más por marginal que por profeta, ya que él mismo calla el suave susurro que le indica, cada día, que le diga a todo el mundo lo que sabe y lo que ve.

Sabes más un mesías por loco que por mesías, y el listo no funda una religión y sólo hace orgías con mujeres casadas.

Sabe más la casada, que es su mayor deseo follar con otros, por amargada que por casada, y que sólo desea el deseo que ya no ve en su marido, y más aún, desea que éste se lo diga, aunque no lo sienta, y sabe que desea a cualquiera que le diga que no le dice que está buenísima precisamente porque está casada.

Sabe más la que saca fotos, hacer fotos del interior de la gente, por alma rota y ajada, que por periodista, porque nadie saca mejores fotos que un corazón roto que ha sido un alma libre en su juventud.

Sabe más el diablo por malo que por viejo, y un ángel sabe más cómo volar por ver como no saben volar los otros, que por sentir el batir de sus propias alas contra el viento.

Sabe más uno mismo que está enamorado, por todo la felicidad que le ha faltado durante toda la vida y sentirla al estar embelesado de ese persona, que por el júbilo en sí mismo de estar al lado de su amada, ya que pasando del infierno al cielo te pierdes por el camino, y ya todo es cielo.

TODAS LAS FLORES SE LLAMAN

COMO ELLA

Si todas las flores se llaman como ella, no tienen las flores más que nombre de acera, de brisa, de risa, de amor entre primas, de ente valiente antes el sinsabor de una familia que no acepta su amor imposible.

Si ella tiene nombre de ciudad, no hay ninguna ciudad con su nombre, y a la vez ella es todas las ciudades bonitas y las más bellas; porque ella es como París y es como media Francia, y es una foto en blanco y negro en una playa.

Quiero ser tu poeta, para siendo tu mi musa, que nos hagan una foto en blanco y negro en una playa desierta de almas; mi pelo alborotado y tu mirándome como extasiada, para que vean que en realidad en este mundo si existe el amor de verdad.

Sólo quiero que esa foto le demuestre al mundo que yo en ti busco a la madre que me quiero follar, y tú en mí al dios que todas las mujeres lleváis dentro de cada una vosotras.

PROMETIDO

¿Me prometerás que no te irás, corriendo, con tu cámara, detrás del primer soplo de aire de cualquier chico de tercero de carrera que no sea tan pedante como yo?

¿Me prometerás que nunca nos casaremos, ni tendremos hijos, pero que los amaremos como si en nuestros ojos jugaran y corrieran; como si nuestros cuerpo unidos fueran, raudos, a esconderse tras las sábanas de nuestra cama —de nuestra casa— en un segundo, sudorosos de hacer el amor, casi pillados por ellos?

¿Me prometerás que si me olvidas recordarás que me prometiste no hacerlo y te darás cuenta en diez años que tenía razón?

Prometido.

QUIERO

Quiero verte llorar por una canción sin sentido, mala y de esas románticas tan moñas como horribles son cuando no amas de verdad.

Quiero que te rías por un chiste malo.

Quiero que ames a alguien que no merezca la pena.

Quiero que vivas una vida sin ganas y otra feliz.

Quiero que mueras sin arrepentimientos, y que vivas dentro del ingrato sinsentido de saber que solo el amor libera, y que el odio es la losa que aplasta nuestras cabezas, el que las destroza, que sepas que sólo él es la infelicidad y es el hastío que creemos tener y no existe si no queremos nosotros.

Quiero que vivas en mis ojos y que mueras cada vez que me vaya; cada segundo sin mi quiero que sea tan infernal como celestial uno de mis besos, cualquiera de ellos, hasta los malos.

Quiero que le saques una fotografía mental a mi alma, a mi vida, a mi casa y a mi gorro de la suerte.

Quiero que le hables al mundo de mí a través de tus ojos de amante desesperada.

Quiero que mueras en mis brazos de amor al decirte que me voy a París y que entre lágrima y desgarro de tu alma al oír esas palabras me digas: ¿Y si me voy contigo y enseñamos a París como se ama de verdad?

ENTREVISTA

Si fuimos lo que no dijimos en una foto ¿Dónde está el corazón que se te salió al enmarcarme mi alma en tu abismo personal? ¿No sabes que veo tus ansias porque te digan que eres perfecta? ¿No ves que noto tu risa al pasar por un puente y sacarle una foto? Porque tu cámara quiere amar a todo y tan sólo quieres ser amada como aman tus fotos al mundo

Si quieres te hago el amor como a cualquiera, o sino te enseño todo lo que viste en una foto, y que no es ni la mitad de lo que nadie sabe, y no escondo ante todo el que, desnudo, me muestre su cuerpo y su alma como no hacen nunca.

Hazme una entrevista, solo querrás que acabe para follarme.

AMENAZA

Se ha dado la alerta en el corazón, he visto a una chica que se follaba momentos. Les hacía fotos, su cámara y ella parecían sexo del bueno.

Besaba a la realidad, y era tan estética como si su cerebro fuera una mano que saliera de su objetivo y lo atrapara todo por el cuello.

Y atrapando que te atrapa al aire, me atrapó a mí, sin querer, y yo mientras leyendo.

No sé qué dije ni que no, pero ya no la veo igual.

No la visteis con su cámara, parecía que quería follarse al mundo.

Y mientras su marido cojín no es capaz de ver que tiene un par de tetas tan sexuales como bellas, que sólo quieren ser amadas y tocadas, como cada vez que en el fondo de su corazón de artista saca su cámara y enfoca a un poeta; ¡que la toquen y la toquen! suave, honda y eternamente, y de forma tan bella y sutil como el click de su Kodak digital que en cierto momento me dijo que la carrera hacia su cama.

QUIERO TU FOTO PARA MI ALMA

Quiero que fotografíes nuestras almas, como escapadas de cualquier orgía de sexo entre dioses, esos ángeles demoníacos, esos seres desviados y raros que notan nuestro olvido al no mirarnos cada día.

Quiero el sinsabor de saber que algún día, en mi cama, hasta verás la parte de mí que no muestro; esa mesiánica desviación que a veces creéis ver y todos ignoráis, como con miedo, al saber en ese instante que lo sé todo de vosotros.

Está la mañana que llora miel de sol, y la tarde tira al fondo de ningún sitio tu recuerdo, como con lluvia de atardecer de corazones rotos.

Está mi corazón que no te ama, y de tanto que te amó, se le hace raro no verte a cada instante, en cada esquina y en cada chica.

Quiero que me fotografíes vestido y me veas el alma.

COMO TE VI

Eres rubia y diferente a como pensaba, y si al pasar los años, por cualquier azar del destino lees esto, pensarás que estoy más loco de lo que parecía, por, al hacerme una simple foto, cualquier día de cualquier semana que olvidaste a las pocas horas, plasmar todo esto, no sé si bello o no, pero nunca, y esto lo afirmo rotundamente, como yo lo vi.

Siempre he captado cosas, la diferencia entre mi yo anterior y éste, es que ahora les hago caso y algunas veces las digo.

Vi a alguien que quería huir a través de una cámara de su realidad, y que siendo una huida, como son éstas, casi feas, caóticas, a trompicones y demasiado rápidas para ser vistas, la tuya era hermosa: Una huida hacia adelante con una cámara en ristre, como un poeta alcohólico que recita, desnudo, al borde de una cornisa por la que se va a tirar, la mejor poesía de la historia, pero nadie le escucha, y cae. Ésta vez sí había alguien mirando, solo espero que tú no te caigas.

Vi belleza y el *yenesepá* que andaba buscando.

Vi a alguien curioso a pesar de sus años, y vi a una adolescente que se interesaba por alguien del que dicen que es un "tío raro".

Vi interés de verdad, mucha curiosidad, y vi las preguntas adecuadas.

Vi la belleza de alguien, que no se cree bella. Pero sobre todo, vi a una belleza tan pura, que no se deja envejecer y permanece más tiempo del que le pertenece en el cuerpo, en la cara y en la risa de su poseedora.

BIBLIOTECUCHOS

Así nació el amor, en medio de una biblioteca llena de politicuchos y periodistas de pueblo, que de tanta entrevista y foto no vieron a una chica que, minúscula, volaba entre foto y foto, ¿y va y me suelta una a mí? yo levanté la cabeza y sonreí.

Me dijo que me quería hacer una entrevista, y yo me negué a decirle lo buena que estaba a menos que no estuviera casada, y como lo estaba ¡no hay tu tía!

Qué bien debían saber sus pechos, y que altiva y bella era su cara y su sonrisa; y sus tetas, ¡que dice ella que son pequeñas! yo eso quiero comprobarlo unas cuentas veces.

Si folla como se ríe, voy a morir de placer, y si no quiere entrevistarme cuando muere verá que, de tan poeta que soy, poetizo todo, hasta veinte minutos de un día que a ella ni le importará y yo seguro que olvidaré.

Si mi vida empezó aquel día, espero no quedarme sin la entrevista de la periodista con los casi cuarenta años más bellos.

No, no es amor, y no, tampoco es sexo.

Vosotros no visteis lo que yo vi: Iba, casi huraña, como una ratita, apocada, un poco encorvada, inquisitiva, como descubriendo un mundo que a través de su cámara, pasaba de negro tizón, de oscuro sinsabor de todo, a arco iris de colores, tan hippie como dice su melena, y no lo hacen sus casi cuarenta años que asegura tener.

Su cámara iluminó desde la pequeña fracción de segundo en la que supe que me observaba, hasta que oí el click de su cámara, sin casi oírlo, y le sonreí, como asombrado.

No, no es amor, pero ojalá un día, desnudos, me haga el amor, con cámara o sin ella, con la única ropa de nuestros cuerpos, tan unidos como quiso ella alejarme de mi mundo, al mostrarme que casi a cada momento la gente no me ve como yo creo.

COME WITH ME TO PARIS

Vayámonos a París a hacer fotos con poemas, a enamorarnos de cuatro chicas y hacer orgías dentro de la torre Eiffel para que se ponga roja de envidia.

Vayámonos a París.

En nuestra cama no existirá el dolor, y tú cámara no podrá captar la maldad, porque estará capada ante tanta belleza y placer, del que se notará en el aire de la cama de la habitación que tendremos en nuestra, desde ese día —solo nuestra—, ciudad eterna.

Tienes el aspecto de la juventud atrapada en una vida que no deseas, de la eterna adolescente que deja para sus noches solitarias la lujuria y el deseo; noches de fiesta infinita, que antes se daba con cada paso de su misteriosa y casi eterna vida, entre bares y demás vicios sin sentido.

Yo te escribo lo que quieras, pero sí sé que escribiendo algo te vienes conmigo, al leerlo y notar que no miento, tiembla, porque te escribiré una cosa tan bonita que tus ojos no la podrán ver, porque se te desprenderán las putas retinas de tanto llorar.

DESNUDA

Hay algo en tu manera de moverte que no logro descifrar, eso que al fotografiar sólo sacas.

Hay algo muy masculino en tu manera de decirme «Guapo» y en tu forma de que te importe una polla lo que piensen.

Hay algo en tu manera de mirarme y de querer que te haga todo lo que me dices con la mirada, que no sé si es odio infinito o amor eterno.

Hay algo en tu manera de andar, y hay algo en tu culazo, que no es que me ponga por culo, sino porque es el tuyo.

Hay algo en la manera que tienes cuando estás pensativa mirando el ordenador en el curro.

Hay algo en la manera en la que te pones nerviosa cuando, a veces, te miro a los ojos, y hay algo en tu forma de hacer no hacer nada que me dice que lo quieres todo.

Hay algo en la manera que tienes cuando tus maneras me dicen todo de ti, y a la vez nada de nadie.

Te vi sola con tu sonrisa, llena la calle de gente, lo iluminabas todo con el desnudar de tu alma; no sé cómo nadie lo vio.

HAZME UNA FOTO EN PARÍS

Si queremos ser algo ¿por qué no nos hacemos de todo y dejamos de quejarnos, y en vez de eso sólo hacer gemir a nuestras almas más por el placer de ver nuestras caras casi desencajadas que por el contoneo de nuestros cuerpos, desnudos y abrazados, entre todos lo orgasmos y las caricias que nos daremos noche y día en mi casa que es media vida si tú quieres?

¿Por qué no nos insuflamos el amor puro, de ese que entre mirada y tentado susurro sólo se dicen los que se desean, y dejamos de sufrir y vivimos de una puta vez?

¿Por qué no somos felices y nos vamos a París? Yo te escribiré una poesía y tú pintarás un cuadro sin lienzo, en el que salga con mi gorro, en blanco y negro, como salidos de un poema de Rimbaud.

Primavera, 2015, Mañana bonita

ENTREVISTA CON EL CIELO

(Y EN ÉL)

Yo ya no puedo esperar a que me hagas esa entrevista, quiero que fluya el dulce y bello pensar de mis ojos en tu espalda desnuda.

Quiero que me grabes durante horas.

Quiero que mi pensar traspase tu risa, y que de ir deprisa nos corramos quince veces con la mirada.

Sólo tengo cosas que contarle a la gente que me sabe llevar y la que se calla para saber que sólo escuchando pueden preguntar y preguntar más.

Tengo respuestas para todo ante el que quiere, y sabe que en mí reside el vano destello de lo que nadie conoce, ni siquiera yo.

¿QUE LLEVO UN PUTO LETRERO EN LA ESPALDA QUE DICE: SÁLVAME?

¿Que tengo pinta de mendigo que necesita monedas para llegar a final de chute? ¿O de loco peligroso que te puede arrancar la piel a tiras porque no le das bien el cambio en el puto Burger King?

¿O acaso tengo pinta de ser lo que soy y tenéis miedo? Porque conozco vuestras pasiones más húmedas y vuestros secretos con solo un vistazo. Porque escribís y pensáis, leéis y acumuláis datos y yo me echo un pedo borracho y escribo algo que no se os ocurriría ni en puto millón de años en medio de una orgía y colocados de todas las drogas del mundo a la vez.

Si tengo pinta de mesías salvador lo seré, y a lo mejor lo soy, pero éste mesías para lo único para lo que no es vago es para dos cosas:

Para escribir cuando le sale de los cojones, y para follarse a mujeres casadas con hijos, de esas sexys que te echan polvos con su cámara en una exposición de un poeta romántico; de esas que son tan sexys que les harías el amor noche sí y noche también, sólo por el momento que quedó grabado en tu mente: Ella no hacia fotos, se follaba a la realidad.

Esa es mi gente, los que se follan a todos y a todos, y el amor se lo hacen a unos pocos afortunados.

Si tenéis envidia de lo que soy o de lo que creéis ver, mirad en vosotros: No os voy a salvar porque no me sale de los huevos.

Si creéis ver un puto letrero en mi espalda que dice: Sálvame, a lo mejor es el espejo de vuestra alma que se lo grita a la mía, y yo ya no tengo ganas, os jodéis.

ALAS ROTAS

Mis alas rotas las dejé, quietas, muy sigilosas, al lado del primer beso que te di, con ellas no podemos volar bien cuando estamos en mi cama.

Las alas rotas son para los que pueden volar y no quieren; yo, pudiendo, sólo quiero hacerlo cada vez que, a tu lado, me llevas, tan juntos, al paraíso de tus labios.

¿Te apuntas?

Hazme el amor, la guerra y lo que tú quieras en mi cama, que de grande y amorosa, comparado con lo pequeño que parece tu cuerpo, a mí —y esto es verdad— me van a salir alas y voy a volar; como siempre, pero contigo, que es mejor vuelo, más alto y menos doloroso, porque mis alas, a tú lado, no las quema el sol.

Fóllame o hazme el amor, pero hazme volar como cuando, cada día, me besas como si no hubiera un mañana.

¿No?

DIA H

El día que te conocí llevabas puesta la sonrisa de siempre, la que yo aún no había visto; nunca supe si fue por mí o sólo la vestiste ya, para siempre, desde que me divisaste aquella mañana, esquivo siempre mi corazón de entre mis idioteces y mi aspecto de retrasado sentimental.

El día que te conocí tu cara de niña buena se volvió esquiva a mis insinuaciones de canalla cutre de barrio.

El día que te conocí empecé a saber menos de todo excepto de cada peca de tu cuerpo, tan desnudo y pegado, siempre, junto al mío.

El día que te conocí me vi desnudo ante mí, aunque siempre con ropa, menos cuando nos amamos hasta las tantas.

El día que te conocí, me conocí.

DINERO

Si el dinero no puede comprar tu sonrisa de deseo ni mi mirada de vicio cada vez que te veo, ¿de qué me vale eso que dicen que vale tanto?

Quemaré el dinero con tus ojos de cielo así, la gente, regala que te regala, sólo sabrá amar, y comprará las cosas a besos y abrazos de verdad.

¿Te apuntas a cambiar el mundo con mi amor y tu mirar, siempre fijo en mí?

Cambiaremos el mundo sólo como se puede cambiar: amando de verdad, para que vean que se puede ser uno y dos, ninguno y todos dentro de cada ser vivo.

Vamos a revolucionar el amor desde nuestra cama, el mundo nos seguirá cuando perciba, en nuestros ojos, la auténtica felicidad de los que aman sin miedo.

¿Tú qué crees?

Si te vas, no vuelvas; si te quedas, nunca te vayas. Si estás, sólo mírame; si no estás, sólo piénsame.

ALMA III

Tenemos planes diferentes: el mío es comerte, el tuyo beberme a morro.

Si me haces existir, no es que antes no existiera, es que contigo existo mejor.

Existencia de calidad dentro de lo infinito de cualquiera de tus, minúsculamente, infinitos labios de niña mujer.

Mi exceso es el exceso de la muerte de no dejar de verte nunca más.

El exceso de la muerte de lo triste y pasajero que, en ti, a través de mis ojos, ya es infinito, porque en ellos reside al verte.

Tu infinito es la salvación de mi alma, tan inmortal antes, como pequeña a tu lado, ahora, tan cerca y junta, como cuando se fusionan las dos, al abrazarnos.

Es fácil si lo intentas, ¿el qué? Abrazar al infinito amándonos y ver a dios en nuestros besos eternos.

¿No crees?

VIDA MIA, MI VIDA

Me gusta tu piel porque, a su lado, a la mía nunca le duele nada y, roza que te roza las dos, saltan chispan que, como ángeles leales y mágicos, volando muy alto, llegan al infinito de tus labios.

Me gustan tus labios porque, cuando tocan los míos, también tocan mi alma y, siempre, veo a dios en tu mirada.

Me gustan tus ojos porque, miran lo que nadie ve, me atontan, y sólo quiere más de ti.

Me gusta todo de ti porque, nada deja de hacerlo, cuando con mis ojos, siempre, te veo tan tibiamente pequeña y bella.

Por eso te quiero.

Y te amo por lo mismo, pero sin saber por qué, ya que, como sabrás, amor, para el amar no hay razones, y el que las busca no las encuentra, y el que las encuentra no desea más allá de lo razonable y sin razón, y con el corazón tan abierto en canal para vos.

¿No crees, vida?

Si estamos viviendo en un mal sueño y es a su lado, haced el favor de no despertarme.

A su lado siempre se sueña con lo bueno de lo malo y, hasta en lo horrendo, hay bondad. Los malos sueños están en nuestras cabezas y, los buenos, también.

Estoy hablando de amar al vecino hasta que nos duela, de amar hasta quedarnos sin sangre en las venas y de besar hasta que se nos caigan los labios, sin más saliva que el eterno paso de su recuerdo, siempre, eterno por mi mente.

Te estoy hablando de amarte como lo haces tú. Os hablo de amor, no me digáis que el odio gana.

La luz nunca muere a los ojos del que ya, abiertas sus pupilas, no le ciega ni el sol más radiante, ni la más baja de las oscuridades; y, en él, la pasión es el compañero del que siempre quiso ser y amar hasta el dolor del placer de encontrarla a ella. Os hablo de amor, no me vengáis con ostias.

¡Amad! Porque no tenéis diez vidas para darlos el lujo de malgastar ésta.

Amad hasta que os duela, y luego más y más, siempre más.

El amor es el único vicio que se alimenta de él mismo y, al hacerlo, da más y mejor de lo único que sabe hacer: sólo dar y dar a ti y a los demás.

Bajé, cierto día de mayo, al infierno de tu falta para, en un marzo ya, hoy, lleno de flores en los labios de dios, verte ante mí, sólo varios meses después, tan desnuda tu alma, como vestida tu cara de mis besos mañaneros y, todo tu cuerpo, con amor nocturno.

La única verdad absoluta, tus labios en mi cintura.

¡Ama!

ÍNDICE

Este libro se imprimió en Madrid
en julio del año 2016

«Transformemos con matemática
de espejo cóncavo
las normas clásicas».

MAX ESTRELLA